a de contenido

Introducción

El desarrollo de software es una actividad diferente de toda la industria construida desde los tiempos de la revolución industrial.

Las prácticas comunes en otras áreas de la ingeniería son ineficientes para el desarrollo de Software ya que un proyecto de software necesita un control empírico sobre el proceso.

El proceso prescriptivo

- Las ingenierías más clásicas siguen los procesos prescriptivos en la fabricación de los productos, como por ejemplo: construcción de edificaciones o las líneas de montaje.

- Un proceso prescriptivo posee una estructura de control bien definida con puntos de observación:

- Cada paso recorrido, menor incertidumbre

Proceso previsible

- Adecuado para las situaciones en que la incertidumbre es baja: las variables de entrada son conocidas y el producto final se puede estimar con gran precisión de acierto.

- Característica común: alto coste de reconstrucción o reparación de las fallas del producto final.

El proceso empírico

El empirismo es la teoría que afirma que el conocimiento surge principalmente de la experimentación sensorial. Un proceso empírico está caracterizado por el aprendizaje adquirido a partir de la experimentación y de las adaptaciones realizadas para mejorar el proceso, es decir: Haciendo y Aprendiendo.

Adecuado en las situaciones en que la incertidumbre es alta: donde los cambios son frecuentes y el producto final es difícil de ser estimado.

La incertidumbre en los proyectos de software deriva de diversos factores:

- Los requisitos recolectados pueden estar equivocados o incompletos.

- La arquitectura escogida puede ser ineficiente o insuficiente.

- Las pruebas se realizan sobre requisitos inciertos o confusos.

- El soporte técnico de las pruebas puede ser insuficiente o inadecuado.

- El código fuente puede contener bugs.

- Las plantillas y las especificaciones no son confiables al 100%.

- La incertidumbre solamente se reduce cuando el usuario usa la aplicación de manera efectiva (feedback).

En el desarrollo de software siempre hay que tener en cuenta la gestión de la incertidumbre.

El Software, así como ideas, madura con el tiempo, es difícil elaborar la idea completa en el inicio del proyecto para solucionar el problema. El coste de ajuste de un software no sigue el patrón de un proceso prescriptivo, es decir: Re-trabajo $\neq$ afinamiento.

Los ajustes se realizan en base al feedback de los usuarios.

ACOSTÚMBRESE A LOS CAMBIOS

El software es un producto empírico, por lo que es un error adoptar procesos prescriptivos rígidos en proyectos de software, en cambio las metodologías ágiles reconocen la naturaleza empírica del software y están preparadas para acoger los cambios frecuentes, ofrecen rapidez para realizar los cambios idóneos a partir del feedback de los usuarios y se presentan con metodologías leves, enfocadas al software funcional en vez del formalismo y de la documentación extensa.

El manifiesto ágil es un conjunto de valores elaborado en 2001 por 17 grandes pensadores del mundo del desarrollo de software, es decir:

■   Personas e interacciones entre ellas más que procesos y herramientas.

■   Software funcional más que documentación extensa.

- Colaboración con el cliente más que negociación de contratos.

- Responder a los cambios más que seguir un plan.

Las metodologías más conocidas son:

- **Extreme Programming (XP):** Concebida para proyectos de pequeño y medio tamaño, prevé participación activa y frecuente con el cliente. Describe detalladamente las prácticas de desarrollo que se van a utilizar como por ejemplo: lenguaje de programación, refactorización, pruebas unitarias, etc.

- **Scrum:** Comparte muchas características con XP, como la participación activa del cliente, pero tiene su principal foco en las actividades de gestión del proyecto.

Las principales características de las metodologías ágiles son:

- Objetivo: satisfacer al cliente entregando, rápidamente y a menudo, sistemas que tengan valor.

- Proyectos Iterativos e incrementales.

  o Los requisitos no se especifican en detalles en el inicio del proyecto. La solución evolucionará a partir del feedback del cliente/usuario.

- Reconocer si las estimaciones a largo plazo son groseras e imprecisas. Estas evolucionan a lo largo del proyecto.

  o El esfuerzo de planificación se concentra en el futuro más próximo, es decir, en el corto plazo.

- El equipo de desarrollo se auto-organiza y participa en la planificación del proyecto.
- Poca formalidad, es decir, los roles en la jerarquía se simplifica.
- El cliente participa activamente del proceso.
- Trabajan con líderes en vez de con jefes.

Estas características nos traen unos beneficios que principalmente son los dos siguientes:

Para el cliente, que al guiar los desarrolladores obtienen un producto que atiende sus necesidades. También sirve para percibir con antelación si el proyecto es inviable, evitando el gasto innecesario de recursos.

Para los desarrolladores, los cuales participan de forma activa en la planificación del proyecto, generando plazos realistas y factibles, evitando la sobrecarga de trabajo innecesario que surge cuando se intentan realizar metas que se consideran imposibles.

EL CICLO DE DESARROLLO ÁGIL

El Extreme Programming es una metodología ágil defendida por Kent Beck, Ron Jeffries, Ward Cunningham entre otros y se compone de un conjunto de valores y prácticas importantes que forman un método para el desarrollo de software. Incluso siendo un conjunto de prácticas que están en camino desde mediados de los 90s, muchos equipos y empresas buscan entender el desarrollo del software desde la perspectiva de la gestión y no de las prácticas de ingeniería.

El Extreme Programming (XP) se ve con cierta polémica en el mercado, sin embargo, desde el comienzo de la metodología Scrum en el año 2007 ha sido ampliamente difundido y adoptado por numerosos equipos de desarrollo. El objetivo es demostrar que, dado que las prácticas ágiles de gestión de proyectos (como el Scrum) debe ir acompañada de prácticas ágiles de ingeniería de software, tales como XP. El beneficio de la adopción del método ágil dentro de día a día de los equipos de desarrollo, la participación en todo el trabajo de desarrollo de software, ha sido eclipsado por las prácticas de gestión, pero una cosa no excluye a la otra.

Aunque el Manifiesto Ágil se publicó en 2001, las metodologías ágiles ya estaban en pleno desarrollo en los años 90 con, por ejemplo, Ken Schwaber, uno de los autores del Manifiesto, que afirma que mientras desarrollaron las prácticas de gestión de proyectos de Scrum con Jeff Sutherland, Kent Beck y Ron Jeffries trabajaron para mejorar las prácticas de ingeniería con XP. Un rápido análisis a ambos métodos nos muestra que ambas metodologías tienen mucho en común, pero una no es exclusiva de la otra. El Scrum no es todo lo que se necesitan para ser más productivos y reducir los gastos innecesarios, sino que las prácticas de ingeniería ágiles pueden ser mucho más importantes que las prácticas de gestión, ya que el software no puede existir sin la parte técnica. El código siempre debe existir en un proyecto de software. A nosotros no sólo nos van a pagar para hacer planes, con lo que Scrum junto con XP puede ser un framework de proceso interesante, adaptándose y evolucionando su organización en un proceso de mejora continua.

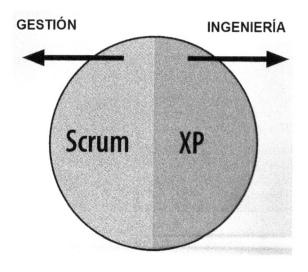

Scrum y XP

¿CUÁLES SON LOS CICLOS ÁGILES?

Cada proyecto comienza en la concepción, cuando se establece una línea de construcción de software, que contiene los requisitos de alto nivel ordenados por importancia para el negocio del cliente. Al tener esta lista en la mano, podemos dividir iteraciones y realizar la planificación general del proyecto en términos de lanzamiento como un todo, y sus iteraciones. Este es el alcance del framework Scrum.

Sin embargo, la gestión de proyectos ágiles, o más bien, los términos que establecen la ruta para que caminemos en la dirección correcta y con el alcance, coste y tiempo pero no dice exactamente lo que sucede dentro del equipo de trabajo, ni cómo se construye el software. Para entender el día a día del equipo, tenemos que entender los ciclos ágiles del desarrollo de software.

Ciclos ágiles

La imagen de arriba muestra que el proceso de desarrollo de software es cíclico y suceden en "ondas". Este proceso no es uniforme ni lineal gradual ni secuencial. Otra característica importante, desde la planificación más macro, es cómo dividir las iteraciones, incluso el simple hecho del micro-incremento de código pasan por el ciclo de inspección-adaptación.

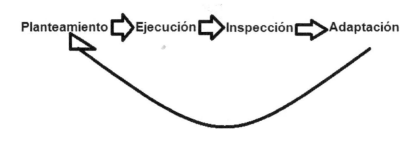

Patrón de ciclos ágiles

¿QUÉ ES EL CICLO ÁGIL DE UN DÍA?

Durante un único día de trabajo tenemos algunos instantes cuando utilizamos prácticas gestión (la reunión en pie del XP o el encuentro diario del Scrum Esta reunión es un punto de sincronización del estatus del proyecto (es una inspección en el ciclo de la iteración). El Scrum sugiere que esa reunión tome el tiempo máximo día de trabajo de un equipo ágil, fuera de esos pocos minutos preocupados con la gestión, el equipo trabaja en el sentido de hacer incrementos de software funcionar de manera "atómica", eso es, un pequeño requisito es capturado y rapi software funcionando. En tratándose de repedazo de software puede solucionar un problema del negocio, una necesidad de un usuario específico o una pequeña tarea dentro del sistema.

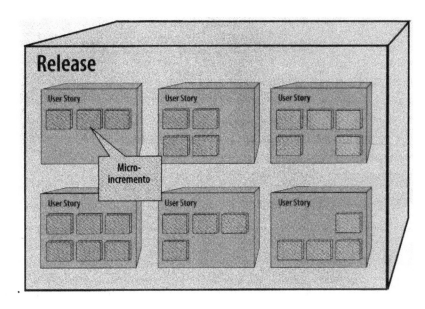

Incrementos de software en producción

Observe la imagen de arriba, esa imagen muestra que dentro de la planificación de una iteración tenemos necesidades de un usuario específico, o historia del usuario y esas necesidades se forman con micro-funcionalidades que nos interesan a los usuarios, y que son importantes para desarrollo diario del equipo. La necesidad de un usuario específico puede ser manifestada por medio de una tarjeta de historia del usuario o historia del usuario del XP.

História: Montar Grade Curricular

Esta história é utilizada para a distribuição das salas, professores, matérias e horários.

Ps. Pegar a planilha exemplo com a Patrícia da secretaria.

Tarjeta de historia del usuario

Una historia de usuario no es un documento de requisitos, sino que más bien más que una historia es la manifestación de un interés del usuario del sistema. La historia implementa es un recordatorio sobre aquella funcionalidad que se desea y que más tarde deberá hablar con el cliente acerca de aquel asunto. Cuando surge una historia no tenemos la profundidad de los requisitos y aún no sabemos si de hecho la historia será realmente desarrollada. Sin embargo, si la historia forma parte de la iteración actual, en determinado momento algún desarrollador necesitará hablar con un usuario para obtener una mayor profundidad sobre aquel requisito.

El ciclo ágil de un día no es más que implementar los micro-incrementos hasta conseguir que al menos una historia del usuario se haga funcional. Para lograr esto en la mayoría de las veces necesitaremos llevara a cabo las tareas listadas a continuación:

- Muchas charlas con los usuarios y las partes interesadas en el sistema;

- Cualquier tipo de modelado;

- Documentación sobre los criterios de aceptación, preferentemente de manera ejecutable;

- Una simple aplicación con la funcionalidad suficiente que cumplir con las expectativas de los usuarios;

- Muchas refactorings;

- Muchas integraciones continuas;

- La aceptación del usuario.

Estas tareas no necesariamente se producen en este orden. Las mejoras obtenidas a través de la conversación con los usuarios y con las partes interesadas pueden suceder durante todo el tiempo del desarrollo. A decir verdad, la práctica de "Cliente Presente" de XP es esencial para un equipo ágil. Un equipo ágil no tiene que completar los requisitos ni detallarlos para comenzar la aplicación. Estas micro-tareas se producen a la demanda, a menudo bajo el sentimiento de necesidad del mismo desarrollador. Es importante que el desarrollador tenga acceso directo a las personales que le pueden dar respuestas. Esta apertura debe tanto desde la parte del equipo técnico como en el lado de los usuarios o clientes. La mayor deshonestidad que puede ocurrir dentro del ciclo ágil de un día es el "Administrador Proxy", eso es tener una persona que esté "filtrando" lo que el equipo puede pasar al cliente y lo que el cliente puede pasar al equipo. La honestidad en relación a las expectativas y los riesgos son también prácticas ágiles.

"El Anti-Patrón": Casos de Uso - UML - Codificación -Pruebas

Una característica que marca el ciclo ágil de un día es que este no necesita ser gestionado en el nivel macro, esto quiere decir que este no puede ser tomado como base para la marcha del proyecto como uno todo. Solamente con cuando el software esté funcionando y los usuarios estén felices usted podrá decir que el proyecto empezó a andar. Este ciclo ocurre de manera muy rápida y quien gestiona es el propio desarrollador. Esa responsabilidad es una cultura auto-organizable que forma parte del núcleo de la gestión ágil. Los gerentes de proyecto y los coordinadores no deben interferir en el trabajo que es responsabilidad técnica de los desarrolladores.

Los puntos que veremos en este capítulo son esencialmente una constante en las prácticas ágiles de las metodologías XP y TDD. Desafortunadamente estas prácticas no las suelen adoptar la mayoría de los equipos de desarrollo. Un patrón muy común en los equipos son las prácticas Unified Process (RUP) que siguen un "formato de casos de uso - UML - Codificación - Test ", siguiendo básicamente un proceso en cascada a una escala más pequeño. Este modelo implica que los requisitos son los casos de uso, por lo general en documentos de Word, el diseño o la arquitectura se realiza con el modelo UML, que es la abstracción intermedia, el código es algo que simplemente entiende la computadora, y en última instancia, se aplican las pruebas basadas en los casos de uso.

Esta puede ser una manera para que pueda implementar la funcionalidad específica de un usuario con cierto éxito, sin embargo, este tipo de desarrollo ni debe ser secuencial y ni un estándar para todas las funcionalidades y ni para todos los proyectos. Si la funcionalidad es simple y la expectativa del usuario es clara, los casos de uso y el modelado UML pueden ser documentos desechados. Sin embargo, hay otras maneras que usted pueda lograr este mismo objetivo, el RUP en sí no usa este tipo de práctica.

Este anti-patrón también causa una técnica ciega. El hecho de ser siempre los casos de uso, UML, el código y las pruebas en cascada lleva al equipo a creer que todos los requisitos se encuentran en casos de uso, que tienen que modelar y codificar todo y que es un proceso de poca actividad creativa, así como las pruebas. Sin embargo, si nos encontramos con que estadísticamente sólo tenemos un tercio de los requisitos en Casos de Uso, que tenemos que modelar sólo lo que necesariamente tiene que ser modelado y todo el proceso de desarrollo de software es una actividad creativa, por lo que finalmente podemos sacar la conclusión de que este patrón es muy cuestionable y costoso.

Puede utilizar los casos de uso para recopilar los requisitos y utilizar el lenguaje de modelado UML para analizar un problema. El principal problema de este patrón está en no hablar más con los usuarios después de que el caso de uso se ha escrito, robando de manera soterrada la comunicación entre el equipo técnico y el cliente durante el desarrollo, ya que los refinamientos suceden todo el tiempo. El equipo necesita tener contacto con el cliente durante todo el desarrollo para poder resolver así sus dudas de una manera más efectiva y eficaz. Esto es debido a que es muy común que surjan nuevos requisitos durante la codificación que no se han recogido durante las charlas anteriores con los clientes.

Los requisitos recopilados, modelados, codificados y probados no suelen ser lo que el cliente realmente quería, ya que las herramientas como los casos de uso y modelos UML son propensos a tener muchas imperfecciones.

Veo que el defecto "Caso de Uso - UML - Codificación - Pruebas" es una mala influencia para el proceso de cascada, ya que al parecer es una muy mala práctica para desarrollar software. Este pensamiento secuencial es aún más perjudicial cuando tratamos de encajar este patrón dentro de la división y de la especialización del trabajo del taylorismo, común en las software factory. En este escenario, un analista de negocios escribe casos de Uso, un analista de sistemas realiza el modelado, un programador que codifique y un probador que realice las diversas pruebas. Este equipo a menudo utiliza para comunicarse herramientas como el diagrama de Gantt.

La base de la división del trabajo es que es posible romper un proceso particular en partes más pequeñas y manejables, y si cada parte está optimizada, el proceso en su conjunto será optimizado. La especialización dice que determinado recurso efectuando una tarea varias veces se hace óptimo para esta tarea. La cuestión es que en el desarrollo de software no siempre la suma de casos de uso + UML + código + pruebas crea algo agradable para el usuario si este no se ha involucrado en todo el ciclo. Esto nos demuestra que estos pasos no son del todo medibles.

Además, un analista de negocios no será mejor si escribe muchos casos de uso, lo mismo sucede con un analista programador o de sistemas. El desarrollo de software no es un proceso mecánico. Todas las metodologías actuales hablan sobre un trabajo colectivo, en constante comunicación, con relaciones y sobre todo con una visión integral del proyecto, es decir del todo, no de las partes. Aferrarse a las funciones y responsabilidades de una manera rígida es malo en cualquier aspecto de un equipo que desarrolla software.

TEST-DRIVEN DEVELOPMENT (TDD)

A continuación vamos a ver algunos conceptos importantes para este conjunto de prácticas presentes en la caja de herramientas de prácticamente todos los desarrolladores de metodologías ágiles. El Test-Driven Development no está basado en pruebas aunque intrínsecamente esté relacionada con eso. El Test-Driven Development es más o menos lo que el desarrollador hace durante todo el día, como los requisitos de captura, el diseño, la implementación y lógicamente las pruebas.

Todo el fundamento de las prácticas ágiles se basa en la retroalimentación, como vemos en la imagen de "incrementos de software en producción", cuando desarrollamos una historia de usuario, tenemos un conjunto de micro-estructuras que componen esa funcionalidad. El pequeño ciclo que implica la construcción de un micro-incremento no está libre del mecanismo de retroalimentación. En TDD, esto se hace a través del ciclo ROJO - VERDE - REFACTOR.

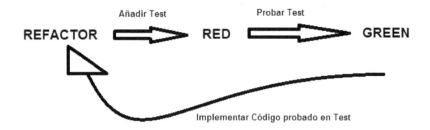

Ciclo TDD

Básicamente, la filosofía de TDD es: usted no puede controlar lo que no se puede medir. Necesitamos parámetros muy claros en cuanto a si una historia es implementada con éxito o si un componente particular funciona correctamente y sin efectos secundarios. Además, esta información debe ser rápida. Vamos a ver esto en la práctica.

LA IMPLEMENTACIÓN DE LA HISTORIA DE USUARIO

Tenemos una historia para aplicar y, por lo tanto, tenemos la necesidad de recaudar más información al respecto y tener claros los criterios de aceptación con el usuario. El primer punto es para que el ciclo TDD obtenga los criterios que son necesarios. Tenemos que obtener primero las pruebas de aceptación con el cliente antes de implementar cualquier funcionalidad. Hablando con Patricia, una de los futuros usuarios de la aplicación en la charla, ella dijo:

"Bueno, esta funcionalidad implica relacionar un horario en la oficina una tarea y el supervisor. Con esto ya tenemos el plan de trabajo de la oficina". Esto es muy vago. Ella prácticamente sólo

habla de la funcionalidad de los datos. Podríamos preguntarnos ¿cuáles son los problemas comunes que existen cuando esta rejilla es ensamblada?, entonces la usuaria recuerda:

- "Ah Lógico Bueno, un supervisor no puede realizar dos tareas al mismo tiempo y una tarea no la pueden realizar dos supervisores simultáneamente".

El equipo de desarrollo ya tiene los requisitos con los detalles más claros, sin embargo, estos requisitos deben de ser acompañados por criterios de aceptación muy específicos. Tenemos que tener una base sólida para que Patricia tenga la confianza de que vamos a ofrecerle exactamente lo que ella esperaba. Podemos modelar esto de la siguiente manera:

Prueba 1 Un supervisor no puede realizar en dos tareas al mismo tiempo.

Supervisor	Tarea	Horario	Resultado
Manuel Rodríguez	Verificar Contabilidad	10:00	Éxito
Manuel Rodríguez	Verificar Inventario	10:00	No Realizado

Prueba 2 Una Tarea no puede ser realizada por dos supervisores simultáneamente.

Supervisor	Tarea	Horario	Resultado
Ricardo García	Verificar Inventario	10:00	Éxito

Manuel	Verificar	10:00	No
Rodríguez	Inventario		Realizado

Podemos afirmar que cada línea de esas tablas es un micro-incremento de la historia. Al terminando todos, tenemos un parámetro medible para decir que la historia terminó. Vamos a escribir ahora un pequeño código para convertir esos requisitos en ejecutables y obtener el primer paso del ciclo TDD: RED. Vamos a utilizar el TestNG, pero puede ser cualquiera otro framework de pruebas. Veamos el siguiente ejemplo:

```
PruebaTablaPlan {public class

Prueba

public void unSupervisorSoloUnaTarea () throws

Excepction {

...

// se registra a Manuel Rodriguez verificando la contabilidad a las 10h.

SupervisorTareaElemento GCII SupervisorTareaElemento = new ();

gcii.setSupervisor (RodriguezManuel);

gcii.setTarea (verificar contabilidad);

gcii.setHorario (diezhorasdelamananha);
```

```
SupervisorTareaElementoRepository.save (GCII);

    }

}
```

Este nombre tan grande en el método es muy común. De hecho, colocamos frases en los nombres de métodos de las clases de prueba para dejar clara la intención de la prueba.

Una dificultad muy común para quien quiera que adopte el TDD es comprender los "pasos de bebé". Cuando Kent Beck dice "baby-steps" este transmite que la idea de la TDD es crear el código orgánicamente de modo que cada paso de la codificación pueda ser verificado como válido. La primera tarea de la TDD es añadir una prueba que provoque un error. E manifestar una necesidad de implementación. Cuando escribimos el código anterior, este podría ser la primera clase del proyecto. Este código está RED, pues ni aún compila con la falta de esas clases.

El siguiente paso es, entonces, para obtener el VERDE rápidamente. Este paso es ejecutar el código de prueba y no ejecutar el código que están funcionando, incluso brevemente rápidamente, segundos. Lo primero que tenemos que hacer es crear las clases y métodos. Con esto, tenemos un código que compila y que en ese escenario el framework de prueba dice que funciona (GREEN), incluso cometiendo errores muy graves como en el siguiente código que veremos más abajo.

El paso de "ejecutar el código de prueba" es confuso para la mayoría de los programadores, incluso para los que tienen mayor experiencia.

"Por qué tengo que tener el GREEN rápidamente insertando código erróneo o no funcional?" dicen estos.

El primer motivo es que nuestra implementación debe estar basada solamente en los requisitos actuales, y los requisitos actuales del código anterior nos dicen que debe existir un método en el **SupervisorTareaElementoRepository** que guarde los elementos de las tareas. Lo que este código quiere decir es que simplemente la operación debe existir. Pero para el conjunto de pruebas que tenemos actualmente, usted cree que no existe la necesidad de consultar lo que fue guardado.

Simplemente aún no tenemos ese requisito. Así siendo, para los requisitos actuales, el código es válido. Tal vez, para demostrar esa intención, podríamos volver al inicio en este punto y añadir una prueba que consulte lo que acaba de ser guardado, comenzando un nuevo ciclo TDD. Es importante que su código refleje solamente los requisitos reales que existen, ni más ni menos. Eso deja su código más limpio, más fácil y consecuentemente con un mejor diseño.

El otro motivo para obtener el GREEN rápidamente es que en este paso lo que probamos es la propia clase de la prueba. Tener el GREEN significa que la clase de prueba es válida, aunque el código de la aplicación aún no lo esté. Con la confianza de que el código de prueba funciona con la implementación más simple posible, podemos entonces implementar el código funcional con la certeza de que si hagamos alguna bestialidad la prueba va a fallar.

El siguiente paso es refactorizar la aplicación del código funcional, el código que dejará a Patricia contenta. Este caso es bastante simple: trabajamos con JPA, simplemente tiene que escribir el código siguiente guardar en efecto el **SupervisorTareaElemento** en el **EntityManager.** Cuando hablamos de elementos de la infraestructura tenemos que saber que muchos de estos no funcionarán de manera aislada. Cuando llegamos al paso de refactorización, se utilizan a menudo Mock Objetos para simular el comportamiento esperado sin necesitar de una infraestructura más pesada para ejecutar las pruebas. Es obligatorio que las pruebas se ejecuten rápidamente porque usando el TDD usted podrá ejecutarlos cientos de veces al día. Veamos el siguiente código:

```
public class implementa SupervisorTareaElementoDAO

{ SupervisorTareaElementoRepository

@     Override     public     void     guardar     (ejemplo
SupervisorTareaElemento) {

// No hace nada

}

}
```

Repetimos el ciclo añadiendo más cosas en la clase de prueba para completarlo. Veamos el siguiente código:

```
PruebaTablaPlan {public class
```

```
Test (ExpectedExceptions DomainException.class =)

public void unSupervisorSoloUnaTarea () throws

Excepction {

...

// registra a Manuel Rodríguez  Verificando la contabilidad a las
10 horas

SupervisorTareaElemento GCII SupervisorTareaElemento = new
();

gcii.setSupervisor (RodriguezManuel);

gcii.setTarea (verificar contabilidad);

gcii.setHorario (diezhorasdelamananha);

SupervisorTareaElementoRepository.save (GCII);

...

// registra a Manuel Rodríguez  Verificando el inventario a las
10 horas

SupervisorTareaElemento GCII SupervisorTareaElemento = new
();

gcii.setSupervisor (RodriguezManuel);

gcii.setTarea (verificar inventario);
```

```
gcii.setHorarío (diezhorasdelamananha);

SupervisorTareaElementoRepository.save (GCII); // debe dar
Excepción

}

}
```

Lo que añadimos en la clase de prueba es el código que realmente implementa la regla "un supervisor no puede realizar dos tareas a la vez". Note que la prueba no está basada en suposiciones. La usuaria Patricia nos pasó esos datos. Una vez más vamos a dar "pasos de bebé", sin embargo, esta vez modificamos la prueba para que esta guarde una excepción, expectedExceptions = Domainexception.class. Es decir, ahora para que la prueba pase, debe ocurrir una excepción. Ejecutamos la prueba y vemos que esta está RED, ya que la excepción no sucede con la implementación actual. Es óptimo tener ese RED. En la TDD, el hecho de que usted tenga una prueba que falla significa que está avanzando en el problema ya que el fallo de una prueba es un indicador importante de que usted posee criterios de éxito medibles.

Con RED, nuestro siguiente paso es la perdición. Vamos a dar un pequeño paso añadiendo el código que vemos a continuación para tener el GREEN rápidamente. Recuerde que en ese punto, queremos validar la clase de prueba cometiendo "errores muy graves". Es importante validar la clase de prueba. No pierda tiempo en ese momento queriendo hacer funcionar la implementación. El REFACTOR sucede enseguida y ahí podrá ver los errores y obtener la solución.

```java
public class GradeCurricularltemDAO implements

SupervisorTareaElementoRepository {

@Override

public void guardar (SupervisorTareaElemento instance){

validarSupervisor (instance);

entityManager.persist(instance);

}

public void validarSupervisor (SupervisorTareaElemento instance){

if(instance.getHolario().equals("10"))

throw new DomainException(); // error!!!

}

}
```

Note que en la implementación del método validarSupervisor se colocó un código que lanza una excepción solamente en la segunda llamada del método guardar. Esto es una artimaña para que la excepción no ocurra en la primera llamada. Con eso, una excepción es lanzada y tenemos el GREEN en pocos segundos. Nuestra clase de prueba está validada, lo que significa que una vez más conseguir dar un paso medible hacia el éxito. En este punto, sabemos que nuestro criterio de éxito funciona. El próximo paso es refatorizar. Cambiamos la implementación del método validarSupervisor con código real que implemente la regla de negocio. Con eso, tenemos el código que resuelve las expectativas del usuario.

En este punto, sabemos que nuestra criterio de éxito funciona. El siguiente paso es refactorizar. Se ha cambiado el método de aplicación **validarSupervisor** con código real que implementa la regla de negocio. Con esto ya tenemos el código que resuelve la regla 1 de la Tabla 2, las expectativas del usuario.

Este ciclo continúa con los "pasos de bebé", sin embargo no significa que no sea rápido. Son pasos cortos, rápidos y confiables. Cada línea implementada nos dice que avanzamos en la implementación de la historia con criterios medibles claros. Llegando al fin, integramos la pantalla y podremos validar con el software con Patricia.

Vea que el objetivo del ciclo es coger una funcionalidad e implementarla con éxito, sin márgenes para suposiciones ni desperdicios de tiempo y dinero. Es una plantilla muy eficiente. También tiene una pequeña diferencia para quien está comenzando a aplicar TDD que es la disminución del tiempo de DEBUG. Como ejecutamos las pruebas continuamente y a pasos pequeños, pero válidos, al terminar un conjunto de ciclos verá que prácticamente ya no necesitará depurar nada más porque ya ha probado todo.

DISEÑO INCREMENTAL

Se habrá dado cuenta de que las prácticas del TDD nos ofrecen un buen diseño y una buena arquitectura. De entrada porque enfocamos todo en criterios de éxito medibles, es decir, realmente la arquitectura está guiada por requisitos reales del usuario y no por suposiciones arquitecturales. Prácticamente no hay margen para el overengineering. La solución es lo mínimo necesario para resolver el problema y nada más. El otro punto es que aplicando TDD estamos en el mejor principio para evaluar nuestro diseño: cohesión y acoplamiento.

Como introducimos micro-incrementos gradualmente y refactorizamos el sistema en todo momento, unidad a unidad, la práctica nos fuerza a realizar objetos naturalmente desacoplados y cohesionados. Evitamos abstracciones innecesarias, eliminamos las repeticiones y dejamos el sistema siempre abierto a los futuros cambios a un bajo coste. Lógicamente, eso requiere disciplina. Es importante resaltar que los proyectos iterativos e incrementales poseen toda una visión económica diferente de la visión tradicional. Hablando en términos financieros, podemos decir que un proyecto en cascada sería una operación arriesgada, mientras que un proyecto ágil, iterativo e incremental sería un Hedge. Uno de los valores más importantes del "Lean Thinking", que una de las bases de las metodologías ágiles, es evitar desperdicios. El pensamiento tradicional en relación a la arquitectura desde los años 60 es colocar todo el diseño en el lugar inmediatamente después del inicio. Las prácticas ágiles nos dicen que se poco se avanzar en el proyecto avanzando en el diseño si no tenemos la certeza ni de los cambios ni de los requisitos.

Con el diseño incremental, añadimos complejidad solamente cuando es necesario y refactorizamos lo que sea necesario, mejorando el código existente con confianza de que cualquiera cambio que tenga efecto colateral en nuestras pruebas se romperán (RED). Esa es una manera de amortizar la inversión en diseño durante todo el proyecto. Note que el diseño no se ha olvidado. No invertir nada en diseño es perjudicial para el proyecto. También es importante resaltar que invertir mucho en arquitectura en el inicio del proyecto no es tan ruinoso, siempre invertimos tiempo en arquitectura en el inicio del proyecto, pero no mucho tiempo, normalmente unas dos reuniones con el equipo y algunas pruebas de concepto. De cualquier manera, tratar el asunto de manera incremental es más eficiente.

INTEGRACIÓN CONTINUA

Hasta el momento vimos el trabajo de un desarrollador ágil trabajando aisladamente. Colocar micro-incrementos en el software es una tarea muy fácil, ya que nos libramos de los riesgos de integración. Sin embargo, así como implementamos lo que nos pidió Patricia, Miguel y Rosa implementaban lo que Sergio pidió y Jorge y Damián implementaban lo que pidió Susana. Tenemos varias historias que están siendo implementadas en paralelo. Todos estamos colocando funcionalidades en el software en paralelo.

Es posible que después de una actualización de la implementación del **SupervisorTareaElementoRepository**, después del primer REFACTOR de éxito, ya tengamos subido este código en la herramienta de control de versión que se puede hacer con un fichero CVS o Subversion, como ejemplo. Miguel que implementaba otra historia hizo modificaciones en esa misma clase y también subió este código para el control de versiones. En ese punto, necesitamos integrar mis modificaciones con las modificaciones de Miguel para que nuestras pruebas o historias formen parte de una misma base de código que funciona.

Para muchas personas esa posibilidad de que dos desarrolladores modifiquen las mismas clases a la vez es muy preocupante, sin embargo, es una práctica muy común en todos los equipos ágiles. Los desarrolladores están siempre añadiendo pruebas, implementando, refactorizando continuamente en su base de código privado o private workspace. Es posible que tanto Miguel como Jorge estén junto con nosotros modificando el **SupervisorTareaElementoRepository** y muchas otras clases en paralelo, cada una en su propio código máquina. Un tiempo máximo de algunas horas, cada uno integra su propio código en el control de versión en consonancia con el éxito de sus pruebas.

Lo que preocupa a las personas es la tarea de mezclar códigos de una misma clase realizados por varios desarrolladores en paralelo. Sin embargo, esa práctica es muy importante para obtener rapidez en el desarrollo. En ese escenario, los otros desarrolladores no pueden esperar que un desarrollador termine la historia para que ellos puedan modificar el **SupervisorTareaElementoRepository**. Los trabajos deben ocurrir en conjunto. Lo que no es productivo que es un desarrollador pare su trabajo porque otro usa determinado recurso. El proceso debe dar esa libertad para que se pueda optimizar el coste.

A pesar de esta preocupación, acostumbrarse a mezclar código es algo rápido. Ya que usted podrá experimentar que no va a tener que esperar a que otros liberen el archivo. Todos los IDEs actuales poseen herramientas que nos ayudan en esa tarea de mezclar código durante la integración, mostrando las modificaciones realizadas y cómo integrarlas.

La práctica de la integración continua nos dice que no se debe dejar de integrar el código durante mucho tiempo. Si su base de código privada o private workspace está muy desactualizada, la integración requerirá más tiempo y dinero y será más propensa a errores. Se deberá integrar el código siempre que se pueda, mezclar sólo nos llevará algunos instantes. Dejar de mezclar código durante varios días podrá hacer que la integración le lleve varias horas.

OTRAS PRÁCTICAS IMPORTANTES

Tenemos varias prácticas importantes que forman parte del día-a-día del desarrollador ágil. Vamos a citarlas a continuación:

- **Código Colectivo**: En complemento a la integración continua, los elementos de software no tienen dueño. Cada desarrollador tiene libertad para modificar cualquier herramienta de software y es responsable de todos ellos. La responsabilidad es compartida entre todo el equipo.

- **Programación a los Pares**: Esta es la práctica más polémica de los equipos ágiles. "Dos cabezas piensan mejor del que una" es lo que dice el dicho popular. Y sí, el desarrollo de software es pensar. Desarrollar todo el código de producción con dos desarrolladores trabajando juntos, compartiendo la misma máquina. Eso traerá una mayor productividad y calidad para el trabajo.

- **Build en 10 minutos**: El trabajo de obtener un build funcional de la aplicación no puede llevarle más que 10 minutos. Eso consiste en tener un paquete implantable y probado. Conforme el sistema crece, se deberá construir más código y deben ser ejecutadas más pruebas; la tendencia es que el tiempo del build aumente. También es importante que tenga un paquete implantable diariamente.

CONCLUSIÓN

El objetivo de este capítulo era principalmente demostrar cómo es importante tener parámetros de éxito medibles el día-a-día del desenvolvedor. El objetivo de cualquier proceso de desarrollo de software es entregar valor de manera rápida. El objetivo debe ser tener el software funcionando. Si incrementamos funcionalidades conseguimos software funcionando en pocos instantes. Lo que tenemos en el mercado es la aparición y la adopción de diversas herramientas que auxilian nuestro trabajo en el ciclo ágil de un día.

Como ejemplo, ¿no sería muy legal si los criterios de prueba se integraran al ciclo de prueba y ya nos suministrara el RED del ciclo TDD? Eso podría hacer que esos criterios de prueba sean ejecutables. Actualmente, tenemos herramientas, como el Fit y el Fitnesse, que nos entregan ese tipo de funcionalidad. Otra duda que vosotros podéis tener es acerca de las pruebas en la pantalla del usuario. Con el Selenium, es posible obtener el RED a través de pruebas en la propia GUI Web.

Esas prácticas son parte de Test-Driven Development y del Acceptance Test-Driven Development. Estas herramientas comienzan a ser adoptadas a gran escala para tener pruebas de aceptación automatizadas. La asociación de esas prácticas, conjuntamente con otras como el Domain-Driven Design, forman un gran conjunto llamado Behavior-Driven Development.

LOS CASOS DE USO

El modelado de casos de uso es una técnica muy difundida para la captación de requisitos de software y para verificar su alcance funcional. Mientras más complejos sean los casos de uso, mayor será el esfuerzo necesario para desarrollar el software. Karner publicó en 1993 el método de Puntos del Caso de Uso (UCP) para estimar el esfuerzo necesario para desarrollar un proyecto.

Influenciado por el Análisis de Puntos de Función, el método analiza los actores, los escenarios, los factores técnicos y los factores del entorno.

CONTAR LOS PUNTOS DEL CASO DE USO (UCP)

Los puntos del caso de uso se cuentan usando la siguiente fórmula:

UCP = UUCP * TCF * ECF

Dónde:

- UUCP: puntos no ajustados a los casos de usos

- TCF: factor de complejidad técnica

- ECF: factor de complejidad del entorno

- El resultado de la ecuación es la cuenta de los puntos del caso de uso

CALCULANDO LOS PUNTOS NO AJUSTADO A LOS CASOS DE USO (UUCP)

Para calcular los puntos no ajustados a los casos de usos empleamos la siguiente fórmula:

UUCP = UUCW + UAW

Realizar la cuenta de UUCW (peso no ajustado de los casos de usos) clasificando cada caso de uso en una de las tres categorías abajo:

Categorías de casos de uso	Descripción	Peso
Simple	Interfaz de usuario simple. Envuelve sólo una entidad de base de datos. Su escenario de éxito tiene hasta tres transacciones. Su implementación envuelve hasta 5 clases.	5
Medio	Tiene más diseño en la interfaz de usuario. Envuelve dos o más entidades de base de datos. Su escenario tiene entre 4 y 7 transacciones. Su implementación envuelve de 5 a 10 clases.	10

Complejo	Procesamiento complejo de la interfaz de usuario. Envuelve tres o más entidades de base de datos. Su escenario de éxito tiene más de 7 transacciones. Su implementación envuelve 10 o más clases	15

A continuación vamos a ver un ejemplo de cuenta de UUCW:

Tipo de Caso de Uso	Peso	Nº de Casos de Uso	Resultado
Simple	5	7	35
Medio	10	13	130
Complejo	15	3	45
UUCCW Total: 210			

Para realizar la cuenta del peso no ajustado de los actores (UAW) clasificando cada actor en una de las tres categorías que vemos a continuación:

Categoría del actor	Descripción	Peso
Simples	El actor representa otro sistema con una API definida.	1
Medio	El actor representa otro sistema interactuando através de un protocolo (e.j., TCP).	2
Complejo	El actor representa una persona interactuando a través de una interfaz de usuario.	3

Ejemplo de conteo de peso no ajustado de los actors (UAW):

Tipo de Actor	Peso	Nº de Actores	Resultado
Simples	1	0	0
Medio	2	0	0
Complejo	3	4	12
UAW Total	12		

Resultado final de los Puntos no Ajustados a los Casos de Uso o UUCP es de 12 + 210 = 222.

Calculando el Factor de Complejidad Técnica (TCF)

Para calcular el Factor de Complejidad Técnica tenemos que tener en cuenta 13 factores técnicos, cada uno con un peso, capaces de influenciar en la productividad durante el desarrollo del software.

#	Factor	Peso
T1	Sistema distribuido	2
T2	Rendimiento/tiempo de respuesta	1
T3	Eficiencia que provee al usuario final	1
T4	Complejidad del procesamiento interno	1
T5	Reusabilidad de código	1
T6	Facilidad de instalación	0.5
T7	Usabilidad/facilidad de uso	0.5
T8	Portabilidad/multiplataforma	2
T9	Facilidad para la realización de modificaciones	1
T10	Concurrencia	1
T11	Características especiales de seguridad	1
T1	Dependencia de códigos de terceros	1

2		
T1	Formación de los usuarios	1
3		

Cada factor recibe un valor de complejidad de entre 0 y 5, en consonancia con la percepción que el equipo tiene acerca del impacto del factor en el proyecto, donde cero indica que el factor es insignificante, 3 es el valor medio, que es el que se suele usar en caso de duda, y 5 indica que el factor tiene gran impacto.

El Factor Técnico Total (TTF) es la suma del peso de cada factor multiplicado por su complejidad. Veamos un ejemplo:

TCF = 0.6 + (0.01 * TTF)

Las constantes se utilizan para influenciar la cuenta de los puntos de casos de uso (UCP) en un intervalo de entre -40% a 30%.

Veamos un ejemplo de una cuenta del Factor de Complejidad Técnica (TCF):

#	Peso	Valor	Subtotal
T1	2	1	2
T2	1	3	3
T3	1	3	3
T4	1	3	3
T5	1	0	0
T6	0.5	0	0
T7	0.5	5	2.5
T8	2	0	0

T9	1	3	3
T10	1	0	0
T11	1	0	0
T12	1	3	3
T13	1	0	0
TTF	19.5		

Dónde TCF = 0.6 + (0.01 * 19.5) y TCF = 0.795

CALCULANDO EL FACTOR DE COMPLEJIDAD DEL ENTORNO (ECF)

Para calcular el factor de complejidad del entorno tenemos en cuenta 8 factores del entorno, cada uno con su peso, que impactan en la productividad:

#	Factor	Peso
E1	Familiaridad con UML	1.5
E2	Trabajadores contratados a media jornada	-1
E3	Capacidad del analista de requisitos	0.5
E4	Experiencia con la aplicación desarrollada/mantenida	0.5
E5	Experiencia con la Orientación a Objetos	1
E6	Motivación	1
E7	Dificuldad del equipe con el lenguaje de programación adoptado en el proyecto	-1
E8	Estabilidad de los requisitos	2

Veamos un ejemplo de una cuenta de factores de complejidad del entorno (ECF):

#	Peso	Valor	Subtotal
E1	1.5	5	7.5
E2	-1	0	0
E3	0.5	5	2.5
E4	0.5	0	0
E5	1	5	5
E6	1	5	5
E7	-1	0	0
E8	2	3	6
ETF	26		

Dónde ECF = 1.4 + (-0.03 * 26) y ECF = 0.62

Con lo que el resultado final de los puntos del caso de usuario (UCP) es de:

La fórmula: UCP = UUCP * TCF * ECF

Dónde: UCP = 222 * 0.795 * 0.62

Obteniendo como resultado: UCP = 109.42 ≈ 109

ESTIMANDO EL ESFUERZO

Las cuentas de los Puntos del Caso de Usuario (UCP) por sí sola no es de mucha utilidad, por lo que es necesaria la utilización del factor de productividad (PF) del equipo, en persona-horas/UCP, para estimar el esfuerzo necesario en horas. Para ello se emplea la siguiente formula:

Estimación de persona-horas = UCP * PF

Como por ejemplo, si consideramos un factor de productividad de 10, es decir, PF = 10, entonces:

Estimación = 109 * 10 = 1090 persona-horas.

DETERMINANDO LA PRODUCTIVIDAD

Para determinar la productividad en caso de que no existan datos históricos se toman en cuenta las siguientes consideraciones:

- Establezca una línea base calculando los UCPs de los proyectos anteriores ya finalizados, y divida la cuenta de UCP por la cantidad de persona-horas que van a emplear en el proyecto.

- Utilice un valor entre 15 y 30 dependiendo de la experiencia o del rendimiento del equipo en los proyectos anteriores, tomando en cuenta los plazos, los costes económicos, etc... En el caso del equipo de desarrollo sea nuevo, utilice 20 para el primer proyecto.

- También se recomienda adecuar la productividad en base a los factores del entorno: cuente cuántos factores de peso positivo tienen un valor por debajo de 3 y cuántos factores de peso negativo están con valor encima de 3. Si el total es 2 o menos, use 20 persona-horas. Si el total es 3 o 4, use 28. Si el total es 5 o más, ajuste el proyecto para reducir su riesgo o utilice 38 persona-hora por UCP.

P roy ecto	Esti mació n de especi alistas	Estimaci ón UCP	Esfu erzo real (horas)	Diferen cia (especialis tas)	Diferenci a (UCP)
A	27 30	2550	3670	-26%	-31%
B	23 40	3320/27 30*	2860	-18%	16%/5%
C	21 00	2080	2740	-23%	-24%

EXTENSIONES

Algunas idoneidades sugeridas al método son:

▪ El método de Ochodek, Nawrocki y Kwarciak que concluyen que el método puede ser simplificado, sin pérdida de precisión, excluyendo el valor UAW y reduciendo los factores de 21 para 6 (2 ambientales y 4 técnicos). Además de eso, la precisión puede ser mejorada al realizar la cuenta de UCP basándose en pasos, en vez de transacciones. También concluyen que de las métricas basadas en los casos de uso, las propuestas recientemente, son más precisas en etapas iniciales del proyecto.

- El método de Carroll describe la adición de un coeficiente de riesgo, utilizado para mejorar la precisión, que resultó en un desvío medio más pequeño o igual a 9% del esfuerzo real necesario en el 95% de los proyectos.

Pero como no siempre es oro todo lo que reluce, vamos a ver los pros y los contras del uso de los casos de uso:

Contras:

- Los casos de uso dependen de quien escribe, presentando variaciones de estilos.

- Los casos de uso varían mucho en tamaño, dificultando la clasificación en los tres niveles de dificultades.

- Los casos de uso pueden ser excesivamente simples o excesivamente complejos.

Pros:

- Es un método relativamente simple y rápido.

- Permite la elaboración anticipada de estimaciones a partir de una visión por encima a nivel del sistema.

- Los diversos estudios muestran que su precisión es generalmente tan buena como los especialistas que intervienen en el proyecto.

Laird y Brennan relatan el caso de una compañía que, después de normalizar la confección de casos de uso y de entrenar a su equipo, consiguió medir su productividad con pocas diferencias, la cual llegaba anteriormente hasta 100%.

LA PLANIFICACIÓN ÁGIL

En las metodologías ágiles los proyectos son divididos en iteraciones cortas que generalmente tienen una o algunas pocas semanas de duración. Cada iteración es realizada en una reunión de planificación para definir lo que será realizado durante la iteración. Su objetivo es identificar junto con el cliente lo que podrá agregar más valor a su negocio. A continuación discutiremos en detalle diversas técnicas y prácticas utilizadas en metodologías ágiles.

LA VISIÓN DEL PROYECTO

Los proyectos nacen de ideas de personas. Las ideas generalmente nacen de tentativas de hacer un determinado proceso más eficiente. Los dueños de esas ideas son llamados visionarios, estos tienen la visión del proyecto, entienden la necesidad y conocen el problema que el software debe resolver. La visión revela hacia dónde el proyecto está yendo y porque está yendo.

Todo proyecto tiene uno o más visionarios, alguien que consiguió detectar una necesidad y tuvo una idea de solución para suplir esa necesidad. Aunque un proyecto tenga muchos visionarios, es necesario que alguien tome la responsabilidad de promover y comunicar esa visión al equipo de desarrollo y a todos los otros interesados en el proyecto. Ese papel normalmente es de responsabilidad del gerente de proyectos, del propio cliente, o de alguien que represente al cliente. En la metodología Scrum, por ejemplo, la visión del proyecto es responsabilidad del Product Owner.

Es muy importante que el visionario esté próximo al equipo de desarrollo para esclarecer las frecuentes dudas que surgen a lo largo del proyecto. Por eso, uno de los principios de la Programación Extrema (XP) es tener al Cliente Presente. Una vez que todos estén contagiados con la visión del proyecto, las oportunidades de éxito son mucho mayores. Existen tres preguntas esenciales que el visionario necesita responder:

- ¿Cuál es el objetivo que el proyecto debe alcanzar?

- ¿Por qué ese proyecto agregará valor?

- ¿Cómo medir si el proyecto fue desarrollado con éxito?

Para que el equipo pueda desarrollar un software alineado con la visión del proyecto, es necesario que esta visión esté siempre accesible para todos, por eso la importancia de que el visionario presente en el equipo. Muchos equipos mantienen una breve descripción de la visión, como por ejemplo, la respuesta de las tres preguntas arriba, en un wiki o incluso impreso y anexionado a un cuadro; el importante es que esté al alcance de todos.

Los visionarios deben estar presentes en los momentos de toma de decisión, en las reuniones de planificación, en las presentaciones de demostración de las iteraciones o reuniones de revisión. Si eso no sucede, probablemente el equipo no entenderá el propósito del producto que están desarrollando. Podríamos comparar eso a un médico que realiza una cirugía sin saber su propósito.

Cuando el proyecto tiene una visión única y cohesionada, la toma de decisión se hace muy más fácil, y todos los miembros del equipo, de posesión de la visión pueden participar más activamente y ofrecer sugerencias.

LAS HISTORIAS DE USUARIO

Las Historias de usuario son descripciones simples y cortas que describen las funcionalidades que deberán ser implementadas en el software. Las historias son escritas por el propio cliente, con sus propias palabras, y generalmente son registradas en tarjetas. Las historias contienen sólo una breve descripción que representa una necesidad del cliente, sin embargo, a pesar de la simplicidad de la historia, el cliente debe tener el conocimiento necesario para disponibilizar informaciones de negocio para que el equipo pueda transformar su necesidad en software. Por ejemplo, imagine una historia cuya funcionalidad sea desarrollar un informe de balance contable; será necesario que el cliente tenga los conocimientos de negocio necesarios, eso es, saber lo que es un balance contable y cuáles son sus características, para que así pueda explicar al equipo lo que deben desarrollar exactamente.

Toda historia debe tener un criterio de aceptación bien definido por el cliente, que permite al equipo identificar cuando esta está implementada por completo y con éxito. Al escribir una historia el cliente asume la responsabilidad sobre esta.

Las historias de usuario tienen carácter de negocio, por eso, "instalar el servidor de integración continua" o "actualizar la versión de la biblioteca de inyección de dependencia" no son ejemplos válidos de historias de usuarios. Pueden hasta ser ejemplos de tareas, pero no de historias. Veremos la diferencia entre historias y tareas más adelante.

Algunos ejemplos de historia de usuarios válida en un proyecto de desarrollo de una web de citas pueden ser:

- Un usuario puede publicar sus fotos en su perfil;

- Los usuarios pueden crear y participar de comunidades;

- Las comunidades deben tener moderadores.

Según Mike Cohn, autor del libro: "User Stories Applied", las buenas historias deben contener las seis características siguientes:

1. **Las Historias deben ser independientes** para evitar problemas de planificación y estimación. Si dos historias tienen dependencia entre estas, y una tiene prioridad alta y la otra baja, probablemente la historia dependiente de prioridad baja necesitará ser desarrollada antes de las otras tareas hasta que llegue la hora de desarrollar la historia de prioridad alta. En esos casos, puede ser interesante unir ambas historias en una única historia; las historias deben ser negociables, no deben ser vistas como requisitos que deberán ser implementados a cualquier precio. Las historias son sólo descripciones cortas de funcionalidades que deberán ser analizadas y discutidas

con el cliente en el momento en que su prioridad sea alcanzada, o sea, en el momento en que la historia forme parte de una iteración. Es importante que la historia sea detallada sólo cuando el momento de su desarrollo esté próximo, es decir, cuando llegue el momento de que la historia entre en la iteración actual. Cuánto más temprano sea analizada y detallada la historia, mayores serán las oportunidades de haber re-trabajo e incluso de pérdida de tiempo y energía, considerando que el cliente aprende y cambia de idea a medida que las iteraciones van siendo concluidas. Para ilustrar mejor este ejemplo, imagine una historia que tenga como objetivo la creación de un informe de liquidación de impuestos. Imagine que según su prioridad, la historia será implementada de aquí a seis meses, pero que aun así, se inicia un trabajo de análisis y discusión sobre la historia. Si el gobierno realiza algún cambio en el plan tributario, usted probablemente habrá desperdiciado tiempo y dinero.

2. **Las historias deben agregar valor a los clientes**. Como mencionamos anteriormente, las historias deben describir funcionalidades que de alguna forma ofrecerán al cliente el retorno a su inversión (ROI). Por esa razón, las historias de carácter técnico no son aconsejables, por ejemplo, "actualizar el Framework Code Igniter a la versión 2.5" no agrega valor de negocio al software, por lo menos no directamente. Eso no significa que no pueda hacerlo, pero es aconsejable que exista una historia escrita por el cliente que la justifique;

3. **Las historias deben ser estimables**. Es importante que los desarrolladores sean capaces de estimar las historias. Para que las historias sean estimables es necesario que los

desarrolladores tengan o hayan tenido acceso a través del cliente al conocimiento del negocio, y que tengan también el conocimiento técnico necesario para transformar la historia en software. Sería inviable pedir a un desarrollador que nunca escribió una línea de código en Java que estime el esfuerzo para desarrollar un pedido de venta en un proyecto Java EE con EJB 3. Lo mismo sucedería si pidiéramos al desarrollador que estimara el esfuerzo para crear un informe de flujo de caja, sin antes explicarle a él lo que es un flujo de caja;

4. **Las historias deben ser pequeñas**. Las historias muy grandes son difíciles de estimar, por eso se debe tener el debido cuidado para mantenerlas siempre cortas y, cuando sea necesario, partirlas en historias más pequeñas. Para ilustrar mejor, imagine la siguiente historia: "Un usuario puede realizar compras en una tienda virtual". Esta puede envolver muchas funcionalidades que están implícitas, y por eso, puede generar diferentes interpretaciones y llevar los desarrolladores al error. En casos como este, podemos partir la historia grande en otras historias más pequeñas: "Un usuario puede añadir productos a su carrito de compras", "Al finalizar la compra el usuario debe escoger la forma de pago", "Para compras superiores a 20 euros el frete envío será gratuito", etc.;

5. **Las historias deben ser testeables**. Es necesario tener criterios de aceptación bien definidos para que un desarrollador pueda saber cuándo una historia está o no concluida. Una buena práctica al usar tarjetas para escribir las historias es pedir al cliente que escriba algunos criterios de aceptación en el reverso de la tarjeta.

6. **Para que la historia sea testeable, es necesario que el cliente escriba criterios objetivos y concretos**. Por ejemplo, "El informe debe ser intuitivo" es un ejemplo de criterio difícil de probar. Es difícil porque el concepto de intuitivo es abstracto y subjetivo, puede tener significados diferentes para cada persona. En vez de eso, "el informe debe tener un pie de página con la suma de los valores" o "el título de las columnas debe mantenerse fijo al navegar entre los productos" son ejemplos de criterios fáciles de probar, bastando que el desarrollador verifique si estos están siendo atendidos para saber si la historia será aceptada por el cliente.

De un modo general, las historias suponen un gran esfuerzo para ser implementadas. Por eso estas son divididas en tareas, que representan los pasos necesarios para que la funcionalidad de la historia sea desarrollada y poder entregar software funcionamiento al cliente. Es recomendable que las historias sean partidas en tareas que no necesiten de más de un día de trabajo para ser desarrolladas.

EL JUEGO DE LA PLANIFICACIÓN

Al proceso de planificación de la metodología XP se le llama "Juego de la Planificación". El objetivo del juego de la planificación es garantizar que se generará día a día el máximo de valor posible de trabajo a través de la creatividad y de las habilidades del equipo.

El Juego de la planificación sucede en una reunión en el inicio de cada iteración. Es importante que en esta reunión estén presentes el equipo de desarrollo y el cliente. La XP asume que el cliente ha aportado toda la información necesaria en lo que concierne a lo que agrega valor al software, y que el equipo de desarrollo tiene toda la información necesaria en lo que concierne a cuánto cuesta agregar tal valor. La gran cuestión es cómo minimizar los costes y maximizar el valor agregado. A través de la estimación los desarrolladores pueden decir cuánto cuesta, en otras palabras, cuánto tiempo lleva desarrollar determinada funcionalidad; y a través de la priorización, el cliente puede definir cuánto valor puede agregar una historia, o sea, que funcionalidades pueden traer más beneficio al negocio. Tenemos entonces una relación de coste/beneficio.

A través de esa colaboración entre desarrolladores y cliente es posible trazar un plan para alcanzar éxito en el proyecto. El juego de la planificación es divido en dos fases: la planificación de releases y la planificación de iteraciones.

La Planificación de Releases

Una característica muy sorprendente en el desarrollo ágil son las entregas frecuentes. La gran meta es agregar valor al cliente frecuentemente a través de software funcional, permitiendo que el cliente pueda extraer el retorno de su inversión lo más pronto posible. Además de eso, cada entrega al cliente ofrecerá un feedback para que el equipo pueda desarrollar con más calidad y más alineamiento a sus expectativas como cliente.

Para que los releases sean cortos es necesario intentar dividir las historias de las iteraciones en grupos que representen el mínimo posible de funcionalidad que agregue algún valor. De esa forma el cliente no necesitará esperar mucho tiempo para recibir el retorno de su inversión, y recibirá ese retorno frecuentemente mediante las funcionalidades que serán añadidas poco a poco al producto de software, agregando así cada vez más valor al software. Imagine como sería bueno si, al comprar una casa pudiera tener acceso a las diferentes partes a medida que fuera pagando: el primer mes podría usar el dormitorio, en el segundo usar la sala de estar, en el tercero el servicio, hasta que completara el pago y pudiera tener acceso a todas las estancias. En el software esto es posible o cuanto menos debería serlo; si no fuera así, probablemente esté trabajando con procesos erróneos.

La planificación de releases ofrece un mapa para alcanzar el objetivo del proyecto. Imagine un proyecto de seis meses para un comercio. Podríamos dividirlo en seis releases de un mes cada uno. En el primer release podríamos entregar el módulo de gestión de precios, en el segundo release el módulo de pedido de compraventa, en el tercero los informes de gestión, y así por sucesivamente. Así, cada mes el cliente podría rescatar un poco de su inversión en forma de software.

Es importante buscar entregar el máximo de valor agregado al cliente cada release, pero eso no significa entregar el mayor número de funcionalidades. Es necesario entender lo que agregará más valor. Muchas veces una única funcionalidad puede agregar más valor que decenas de otras funcionalidades juntas. En el Scrum, por ejemplo, se habla del concepto de valor de negocio o business value, que puede ser representado por un número que va de 0 a 100. El valor de negocio es definido por el cliente, y es a través de este quien determina la prioridad de las funcionalidades que van a ser desarrolladas. Ese valor puede cambiar a lo largo del tiempo, por eso es importante estar preparado para adaptar la planificación.

Para trazar una planificación de releases es necesario establecer periodos fijos de entrega. Se recomienda que sea un corto espacio de tiempo. Con la visión del producto en mente es necesario establecer cuáles son las funcionalidades que pueden agregar mayor valor, o sea, las que tienen mayor valor de negocio son las que serán incluidas más rápidamente en los releases. A través de técnicas de estimación, es posible prever cuántas funcionalidades pueden ser incluidas en un determinado periodo de tiempo, y entonces dividir las funcionalidades en releases.

No planee para plazos muy largos. Mientras más largo sea plazo, mayor será la incertidumbre. No es necesario ni recomendable, escribir y analizar todas las historias en el inicio del proyecto. De la misma forma que el equipo aprende y mejora sus técnicas de desarrollo para cada release, el cliente utiliza el software y las ideas nuevas surgen, así como ideas antiguas pueden ser dejadas de lado. Por eso, no es interesante intentar prever desarrollos para futuros muy distantes: mientras más distante, mayor será la incertidumbre. Una gran diferencia de las metodologías ágiles en relación a las tradicionales es que las metodologías ágiles no intentan impedir al cliente que realice cambios en la planificación, en vez de eso, se considera que el cliente también aprende a lo largo del proyecto que sus cambios traerán beneficios al proyecto. Está claro que debe haber algún tipo de protección para que los cambios con frecuencia exagerada no hagan que el proyecto acabe siendo inviable. Tanto el XP como el Scrum aconsejan que al menos la iteración actual no sea modificada.

Es importante entender la diferencia y la relación entre iteración y realese. Los releases representan entregas y las iteraciones representan los ciclos que están contenidos dentro de los releases. Las iteraciones representan un determinado intervalo de tiempo en que algunas historias serán implementadas. En estas iteraciones pueden estar contenidas diversas actividades como las reuniones de revisión y retrospectivas. Es posible, por ejemplo, definir releases mensuales con cuatro iteraciones de una semana cada. No existe regla en cuánto a la periodicidad de los releases, finalmente cada proyecto tiene sus particularidades y un release puede implicar una serie de factores, como por ejemplo, implantación y formación, por eso, el número de releases e iteraciones estipulados deben estar alineadas a las necesidades de la organización.

Al final del release el software que se entrega al cliente está listo para trabajar en producción.

LA PLANIFICACIÓN DE ITERACIONES

La planificación de iteraciones permite estructurar las actividades del día a día del equipo.

Un release puede contener varias iteraciones; las historias del release son incluidas en las iteraciones, de acuerdo con la prioridad de cada una. Durante la iteración son desarrolladas las historias y al final se tiene un software desarrollado y probado. Enseguida se inicia una nueva iteración.

Las iteraciones generalmente tienen periodicidad semanal, sin embargo, tanto el tiempo de las iteraciones como el de los releases pueden ser definidos de acuerdo con la necesidad de cada organización.

Al planear una nueva iteración es importante tener en mano el resultado de la iteración pasada, es decir, la suma de las estimaciones de las historias que fueron desarrolladas. Ese es el número de puntos de estimación que se puede esperar para la próxima iteración. Esa suma de puntos es conocida como la velocidad del equipo. Hay quien utiliza una media de las velocidades de las iteraciones pasadas para definir cuántos puntos de complejidad serán insertados en la nueva iteración y hay quien prefiera utilizar sólo la velocidad de la última iteración.

Para insertar las historias en la iteración es necesario que estas estén estimadas en complejidad y priorizadas según el valor de negocio, lo que probablemente ya habrá sido realizado en la planificación de release. De esa forma, seleccionar las historias para la iteración suele resultar mucho más rápido. El cliente verifica historia por historia, y las incluye en la nueva iteración de acuerdo con la prioridad. La suma de puntos de las historias seleccionadas no debe ser mayor de la que está definida, sea en base a la iteración pasada o a la media de las iteraciones anteriores.

Tras seleccionar que historias serán implementadas en la nueva iteración, es necesario explicarlas al equipo. En ese momento es importante que existan personas de negocio presentes para que puedan aclarar a los desarrolladores sus dudas de negocio, permitiendo que al final de la reunión, los desarrolladores estén preparados para implementar estas historias.

Tras las explicaciones, los desarrolladores parten cada una de las historias en partes más pequeñas, llamadas simplemente tareas. En este momento la presencia del cliente ya es menos importante. Las tareas tienen un ámbito más técnico y generalmente tendrán descripciones como: crear las tablas en la base de datos, crear objetos de negocio, realizar integración a través de web services, etc.

Es muy recomendable que las historias sean partidas en tareas que no tarden más de un día para ser llevadas a cabo. No es necesario entrar en detalles minuciosos sobre cada tarea, pero es recomendable asegurar que todas las tareas necesarias para que una historia sea finalizada fueron definidas. En este momento se puede tomar algunas decisiones de diseño que el equipo considera importante, como lenguajes de programación, frameworks de desarrollo, bibliotecas y estándares que se van a utilizar, cuestiones que envuelvan rendimiento y escalabilidad, etc. Las decisiones que el equipo considera menos importantes pueden ser realizadas más tarde, en el momento de la implementación.

Si el equipo consigue entregar todas las historias antes del fin de la iteración, es necesario solicitar al cliente más historias. Entonces, el cliente escoge qué historias deberán ser añadidas a la iteración considerando el tiempo restante de la iteración y de la prioridad de la historia. En la próxima iteración el cliente podrá incluir un número mayor de puntos en la iteración, considerando que la velocidad del equipo mejoró. Eso generalmente sucede a medida que el equipo va madurando y ganando más dominio sobre la tecnología utilizada en el proyecto y en los conceptos de negocio.

Un problema muy común que puede afectar al orden de desarrollo de las tareas son las dependencias técnicas entre tareas. Es posible que el cliente determine que una determinada tarea tenga prioridad en relación a otra, sin embargo, técnicamente es más viable hacer lo contrario. En esos casos es importante que el equipo sea sincero con el cliente en relación a las dificultades técnicas y le muestre a este los beneficios de implementar las tareas en el orden inversa. Sin embargo, siempre es recomendable que el equipo permita al cliente escoger lo que este quiere que se entregue primero y se esfuerce al máximo para entregar las tareas de acuerdo con la prioridad determinada por el cliente. No es recomendable añadir nuevas historias a una iteración que ya haya sido iniciada.

Al final de la iteración, se realiza una presentación de las historias desarrolladas. En la XP esa reunión se llama demostración de la iteración y en el Scrum se llama reunión de revisión. Otra reunión, llamada reunión de retrospectiva, también se puede realizar con el objetivo de abordar los puntos que pueden ser mejorados en las iteraciones siguientes.

Como en toda buena planificación, la planificación ágil se realiza en tres niveles: el estratégico en el momento de planear los releases, donde se define lo que será desarrollado y cuando será la entrega; el táctico en el momento en que las iteraciones son planeadas y las historias divididas en tareas; y el operacional en el momento en que el equipo toma las últimas decisiones técnicas y parte para la implementación.

ESTIMACIONES

La estimación permite que el equipo pueda medir la productividad y saber cuánto tiempo será necesario para concluir el desarrollo de las historias del proyecto, además de permitir al cliente entender cuál será el coste del desarrollo de cada historia y cuál es la media de tiempo que será necesario para que la funcionalidad sea desarrollada y entregada.

Las estimaciones son complejas y no son precisas. Una serie de factores se deben de tomar en consideración, entre estos, la madurez del equipo en relación al proyecto y a las tecnologías aplicadas a este. Normalmente al inicio del proyecto las funcionalidades de complejidades semejantes llevan más tiempo para ser implementadas que al final del proyecto. Eso ocurre porque el equipo gana productividad a medida que aprende más sobre el negocio y sobre la tecnología. Asumiendo esa premisa, es posible concluir que la estimación de una determinada historia puede cambiar a lo largo del tiempo.

Es importante que todos los miembros del equipo participen de la estimación. Cuando un desarrollador estima una historia solo, este lo hace en base a sus experiencias personales. Cuando la estimación es realizada en equipo, la experiencia envuelta es mucho mayor y las oportunidades de obtener una estimación más adecuada también.

Una de las medidas más comunes de estimación son las horas. Los desarrolladores indican cuántas horas serán consumidas para que una funcionalidad sea implementada. En el desarrollo ágil, es más común utilizar puntos para realizar estimaciones.

Los puntos pueden tener significados diferentes de acuerdo con cada equipo o proyecto. Una de las formas, como se recomienda en la metodología XP, es cuantificar un punto como un día ideal de trabajo, o sea, un día totalmente dedicado a realizar una tarea, sin interrupciones. De esa forma, dos puntos serían dos días y así sucesivamente. Otra forma, recomendada por la metodología Scrum, es utilizar puntos relacionados al esfuerzo, en vez de tiempo. De esa forma, se toma una funcionalidad simple como referencia, por ejemplo, el desarrollo de una pantalla de login y con esa referencia se establece el valor de los puntos. Al estimar otra tarea pensaríamos en cuantas veces más fácil o más difícil en relación a la pantalla de login es la tarea actual. Otra técnica para intentar absorber la incertidumbre y la falta de precisión de las estimaciones es la utilización de intervalos, como la secuencia de Fibonacci: "0, 1, 2, 3, 5, 8, 13, 21, 34, 55, 89, 144" o una secuencia más simple "0, 1, 2, 3, 5, 8, 13, 20, 40, 100". Así, se utilizan sólo los valores dentro de la secuencia para representar el esfuerzo necesario para la implementación de la historia. En el Scrum, se utiliza el Planning Poker, o Poker de Planificación. En esta técnica cada miembro del equipo recibe un conjunto de cartas con los valores de una secuencia, como las descritas anteriormente. Enseguida todas las historias son analizadas separadamente, y cada miembro del equipo coloca una carta sobre la mesa con el número de puntos que considera que la historia consumirá. Si hubiera grandes diferencias, las personas que jugaron las cartas de mayor y menor valor explican sus razones para escoger aquel valor. Entonces, en base a las explicaciones, las cartas son jugadas nuevamente hasta que se encuentre un consenso y la estimación sea definida. En la realidad, no importa qué técnica utiliza, lo importante es que todos los miembros del equipo participen y que se defina un valor de esfuerzo o coste para que sea posible medir la velocidad del equipo para fundamentar la planificación de releases.

CONCLUSIONES

La planificación es esencial para que un proyecto pueda alcanzar el éxito y para que el cliente y el equipo de desarrollo puedan alinear sus expectativas. Este es un tema complejo y muy amplio y los puntos que hemos visto en este capítulo son sólo la punta del iceberg. Este capítulo no debe ser tomado con una receta que deba ser seguida estrictamente, pero sí, como una referencia para que usted pueda encontrar medios de mejorar la planificación de su organización.

Con la visión del proyecto creada y diseminada entre todos los actores que participan en el proyecto, y con el cliente presente y en constante colaboración junto al equipo, es posible realizar la planificación y maximizar el retorno sobre la inversión iteración la iteración.

LA GESTIÓN DE PROYECTO ÁGIL

El desarrollo de software es una actividad completamente diferente a todo lo que la industria construyó desde los tiempos de la revolución industrial. Por ello el desarrollo de software requiere prácticas especiales de gestión de proyecto, ya que su producción tiene una naturaleza diferente, este es el primer paso de un camino importante que definirá el éxito o el fracaso de un proyecto. El objetivo de este capítulo es aclarar que un proyecto de software necesita un control empírico sobre el proceso. Los proyectos de software no se aproximan ni un poco a otros tipos de proyecto, por ejemplo, a un proyecto de ingeniería civil como puede ser la construcción de un edificio o una carretera.

LA INFLUENCIA DEL MANIFIESTO ÁGIL DE 2001

El objetivo del encuentro que desencadenó el Manifiesto Ágil en 2001 no era solamente dejar un marco en la historia del desarrollo de software, sino que pretendía juntar a un grupo de maestros para ofrecer al mundo una alternativa a las metodologías pesadas y altamente dirigidas por la documentación del proyecto que aún se usan hoy en día. Tampoco era objetivo de ese encuentro hacer que todos llegaran a un acuerdo con una única visión, muchos de los presentes eran hasta de empresas competidoras entre sí, pero, por increíble que parezca, estos alcanzaron acuerdos en un conjunto de valores ágiles que resumen todas las metodologías presentadas. Esos son los valores del Manifiesto Ágil, el consenso de los participantes del encuentro: Personas e iteraciones son más importantes que procesos y herramientas. El software esté funcionando es más importante que una documentación extensa. Las relaciones con el cliente son más importantes que la negociación del contrato.

Responder a los cambios es más importante que seguir la planificación.

Ese conjunto de valores puede asustar a primera vista y muchas veces esto apenas son interpretados en el mercado. Para explicar mejor, el primer valor no dice que herramientas y procesos no sean importantes, ya que lo son, sin embargo, las personas y la comunicación entre estas son más importantes todavía. La idea es que los elementos finales son importantes, sin embargo, los elementos iniciales son más importantes.

Una de las ideas erróneas que rondan en el mercado es que las metodologías ágiles surgieron de ese encuentro en 2001. Eso es completamente erróneo, muchas de las metodologías ágiles, como el Scrum, ya estaban en pleno estudio, desarrollo y mejora desde los años 80.

El mercado en general está lleno de ideas erróneas sobre los procesos ágiles, sin embargo, es importante mencionar que los exigentes mercados americanos y europeos ya cambiaron su visión sobre el desarrollo ágil. Ellos no consideran la agilidad cómo una solución innovadora y sí cómo la manera correcta de hacer las cosas. La agilidad ya cruzó el abismo de la adopción de tecnología de la teoría de Moore.

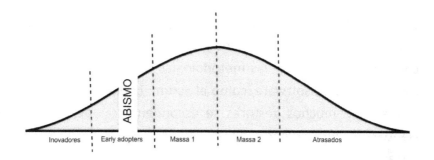

El objetivo de este capítulo no es explicar esa curva, sin embargo, investigaciones recientes confirman que las prácticas ágiles como el build rápido, refactorings, el desarrollo iterativo, el feedback constante de los stakeholders, la integración continua, la gestión de proyectos basado en objetivos, reuniones diarias, etc. ya han sido adoptados por las masas y para grandes proyectos críticos. Esos cambios de comportamiento ya suceden y muchas empresas obtienen mejores resultados con esas prácticas. Mejores resultados son:

- Rápido "time-to-market", las soluciones tardan menos en llegar al mercado;

- ROI optimizado, el retorno sobre la inversión, las soluciones se pagan más rápidamente;

- Mayor productividad, se crea mucha con poca inversión;

- Mejor adherencia a los negocios, el TI no está más aislada de las decisiones importantes de negocio.

Por desgracia, en términos generales, pocas instituciones están orientadas en técnicas ágiles para la gestión de proyectos ya que no perciben esos beneficios o los ignoran. Es interesante que, en el aspecto tecnológico, muchos programadores estén en sintonía con las nuevas tecnologías. Sin embargo, en el escalón gerencial (directores, gerentes y coordinadores), pocas personas ni siquiera conocen el nombre de las metodologías más actuales de gestión de desarrollo de software, como el Scrum. El panorama que temo hoy es que muchos gestores se esconden atrás de gráficos de Gantt o de herramientas de gestión. Los Gantt Chart son poco eficaces para gestión de proyectos de software. Las personas intentan utilizar esas herramientas porque estas son muy valiosas para otros tipos de proyectos, como la construcción de un puente, el lanzamiento de un cohete espacial, un proyecto de ingeniería mecánica, un cambio de dirección de oficina, etc. Sin embargo, un proyecto de construcción de software, por desgracia, es diferente, ya que no es lineal de la manera de un Gantt Chart.

EL CONTROL EMPÍRICO DEL PROCESO

Muchos de los procesos de nuestro día-a-día sólo son aceptaciones como válidos porque aceptamos el nivel de calidad que el producto final nos ofrece. Usted acepta el proceso de construcción de un coche aunque realice un pequeño ruido en el freno. Usted acepta esperar hasta 10 minutos para ser atendido en la cola de la charcutería. El tráfico es violento y aun así no dejamos de usar el coche. El proceso y calidad están íntimamente relacionadas.

Cuando un determinado proceso no alcanza el nivel de calidad que esperamos, podemos decir que el proceso no funciona. Si usted no acepta esperar 10 minutos hasta ser atendido en la charcutería, automáticamente el proceso de aceptación ya no es válido.

En relación a esa cantidad, determinados procesos son prescriptivos y poseen una estructura de control medianamente definida ya que poseen puntos de observación en que cada paso que pueden ser verificados como válidos. La construcción de un puente sigue un proceso prescriptivo. Una línea de montaje de un producto es un proceso prescriptivo. En esos procesos, cada paso que avanza en el ciclo, más pequeña es la incertidumbre, ya que puede evaluar ese paso como válido.

Una característica importante de los procesos prescriptivos es que se si el producto final no alcanza el nivel de calidad que espera, el coste es muy alto para reconstruir ese producto nuevamente o para reparar el fallo. Como ejemplo, si un coche al final de la línea de producción fue montado de modo que no alcanza el nivel de calidad exigido es prácticamente imposible modificarlo nuevamente en la línea de montaje para que sea producido de la manera correcta. Es más barato tirar el coche a la basura y corregir la línea de producción.

El software no posee pasos intermediarios que puedan ser verificables como válidos durante su ciclo de vida. Cuando usted captura los requisitos no tiene la certeza de que estos solucionarán las necesidades del negocio, cuando usted elige una arquitectura no tiene la certeza de si esta será suficiente. Cuando usted codifica, se suman a esas incertidumbres los aspectos técnicos y también en relación al futuro, es decir, el mantenimiento del software. Las pruebas son efectuadas sobre requisitos inciertos y, también, nunca sabemos si las pruebas son suficientes. Nosotros sólo conseguimos reducir esa incertidumbre cuando el usuario efectivamente usa la aplicación. Recuerde que el objetivo es resolver un problema de negocio y no simplemente entregar cualquier software. Durante todo el ciclo, no puede decir que los requisitos están correctos, los modelos están correctos, el código está correcto, las pruebas están correctas. Aunque todo esté de acuerdo con los requisitos, puede ser que los requisitos no atiendan al negocio. Por todo esto, llegamos a la siguiente conclusión: Desarrollo de Software = Gestión de la Incertidumbre.

Cuando desarrollamos productos de procesos empíricos, como el software, las maneras empíricas de gestión de proyectos deben ser aplicadas. El software es un producto que evoluciona constantemente hasta que los objetivos de negocio sean alcanzados. Muchas veces, simplemente atender a requisitos no es suficiente, la gestión debe estar orientada constantemente a reducir las incertidumbres, y el tener software funcionando junto a los usuarios reales es la mejor manera de reducir la incertidumbre. Todos los pasos que tenemos para construir el software se tratan como abstracciones. Los casos de uso y las historias de usuario son abstracciones de requisitos, los modelos UML también son abstracciones, el código también es una abstracción. Todos esos pasos intermediarios son abstracciones del que se quiere que sea un sistema computacional que resuelva problemas de negocio. Por más que el usuario concuerde con el Caso de Uso, con los modelos, con los prototipos, este no tendrá una experiencia real hasta que este no entre en contacto con el software funcionando, esto quiere decir que hasta ese momento No podemos decir que los pasos intermediarios agregan valor de negocio o si reducen la incertidumbre. El objetivo es la adherencia a los negocios y solamente los usuarios podrán suministrarnos la evaluación de si conseguimos o no alcanzar ese objetivo. Si tiene el 100% de los requisitos mapeados para su proyecto, pero su marcha efectiva es del 0% en relación al objetivo de entrega software. Tener los requisitos mapeados agregan prácticamente... nada para reducir las incertidumbres, solamente se empezarán a reducir las incertidumbres cuando esos requisitos sean implementados y homologados.

Una confusión constante en el desarrollo de software es la definición de re-trabajo. Imagine que usted re-capturó requisitos en relación a una determinada pantalla de pedidos y con la entidad de pedidos. Usted modeló e implementó de acuerdo con lo que definió como objetivos de su iteración. Usted muestra la pantalla al usuario y a este le gustó lo que vio, pero aún faltan algunas cosas. El hecho de usted tenga que modificar la pantalla nuevamente o la entidad no significa re-trabajo y sí refinamientos. Lo que muestra la marcha del proyecto es el cumplimiento de esos objetivos y no el número de las pantallas implementadas. Si después, en la vigésima entrega, algún concepto de negocio necesita de más ajustes en la entidad de pedido tampoco será re-trabajo, simplemente es que el software está madurando. No considere que tener que modificar cosas ya implementadas es re-trabajo, principalmente si el proceso es ágil.

Esa dinámica es posible porque el producto de software nos permite que lo tratemos de esa forma. El coste para ajustar los conceptos en el software no sigue el estándar de un proceso prescriptivo. La tecnología nos permite construir el software de modo incremental. Eso nos lleva a otro concepto: software = idea. Las ideas son cosas que maduran. Es difícil tener la idea completa de cómo resolver un problema complejo inmediatamente en el primer momento que surge. El software, así como una campaña publicitaria, o una acción de marketing, o un nuevo producto, es algo que florece con la participación de muchas personas y llega a la madurez en constante estudio y adaptación.

El problema que tenemos en el mercado actualmente es que los equipos, y principalmente los gestores, se niegan a admitir o simplemente desconocen el hecho que la construcción de software es algo diferente. Muchas veces los proyectos y las planificaciones no son correctos, porque los gestores toman la construcción del software como una línea de producción o como un proyecto de obra civil. Sin embargo, las maneras prescriptivas de gestionar un proyecto no atienden a la naturaleza de un producto empírico. La construcción del software es algo diferente de todo lo que la industria ya construyó antes. Admitir esa premisa, que el software es diferente, es el primer paso para adoptar una postura ágil que respete la inversión de aquel que paga por la construcción del sistema.

El Scrum es una de las maneras empíricas de controlar la gestión de la producción de software basado en alta productividad y satisfacción de los actores que envuelven el proyecto.

LOS REQUISITOS DETALLADOS

Muchos proyectos de software consideran que el objetivo del equipo es implementar los requisitos. Con ese objetivo, al inicio del proyecto se inicia una larga jornada de levantamiento de esos requisitos en detalle, que en algunos casos, puede llevarnos algunos meses. Con todos esos requisitos en mano, finalmente el equipo aplica alguna métrica para saber realmente el tamaño del software. Y eso es lo que estos llaman el alcance. Después de ese levantamiento, ese equipo tradicional ya puede aplicar el desarrollo iterativo. Sin embargo, los usuarios no pueden solicitar modificaciones fuera del alcance, aunque el software no atienda al negocio, porque el objetivo del equipo es implementar requisitos. Si usted desarrolla software de esa manera lo más seguro es que su usuario o cliente no quede satisfecho con su trabajo. Muchas empresas, como las fábricas de software o software factories, aplican esa estructura de proyecto porque según ellos: no existe otra manera de resolver el riesgo del tamaño del proyecto, y los clientes pagan un precio más elevado para reducir el riesgo del proveedor, y peor aún, se quedan con un software que no alcanza las expectativas para su negocio.

Si trabaja con cualquier metodología tradicional como el RUP o el PMBOK, verá que estas tratan todo y cualquier alcance inicial como preliminar. Todas esas metodologías tradicionales predican que el alcance es un conjunto de objetivos de alto nivel del proyecto y no requisitos detallados. Juntamente con objetivos, el alcance también tiene riesgos, restricciones, condiciones y solamente una lista de los requisitos más importantes, sin detalles. El alcance, en la mayoría de los proyectos, es un documento de dos páginas que no lleva más de algunas horas de conversación con el cliente para ser elaborado. Los refinamientos sobre los requisitos surgirán en el tiempo correcto, durante las iteraciones del proyecto.

El cierre de ese alcance puede ser llamado como la concepción del proyecto (RUP) o la fase inicial (PMBOK). Algunos autores de la comunidad ágil también dicen que aplican esa iteración inicial de cierre de alcance, aunque sea sólo una estimación de coste. Si el proyecto es pequeño (hasta 7 personas y en un plazo de hasta 3 meses) es común que la concepción dure como máximo 8 horas. Un equipo ágil consigue en una reunión con el cliente definir el alcance que, en la mayoría de las ocasiones, nada más que una lista de funcionalidades organizada por prioridad de negocio. Cualquier inversión de más es perder tiempo y jugar con el dinero del cliente.

CASO DE ESTUDIO

Vamos a analizar el caso ficticio de TecnoCOM. La TecnoCOM es una empresa que distribuye material tecnológico para más de mil puntos de venta en Europa y Latinoamérica. Su facturación es de 20 millones de euros anualmente. Actualmente, el 80% las ventas son realizadas por 80 representantes que cobran comisión y los pedidos se envían vía fax a la central de distribución, donde 8 personas son responsables de la recepción de las ventas y de la entrada de los datos en el sistema ERP. Cada mes se realizan aproximadamente 24.800 pedidos cada mes.

El señor González, dueño de TecnoCOM, no está satisfecho con el coste de las ventas, ya que el proceso manual es muy susceptible a errores y con ello a pérdidas. Esos errores le cuestan a TecnoCOM unos 48.000 euros mensuales. La TecnoCOM necesita de un sistema de automatización de la fuerza de ventas, o por sus siglas SFA, Sales Fuerce Automation, en el cual los representantes, tendrán que tener notebooks, teclear los pedidos y transmitir vía internet directamente hacia el sistema ERP. Después de una buena conversación con el señor González y de otros directores, el equipo llegó al siguiente alcance (lista de funcionalidades):

ID	Funcionalidad	Iteración	Puntos
1	Entrada del pedido (simples)	1	8
2	Interface de transmisión de datos del vendedor <-> ERP	2	2
3	Integración del pedido, vendedor -> ERP	2	5
4	Entrada del pedido: cálculo de precios e impuestos	3	5
5	Integración de datos de precios, ERP -> vendedor	3	2
6	Integración de datos de impustos, ERP -> vendedor	3	2
6	Entrada del pedido: ventas	4	3
7	Entrada del pedido: límite de crédito	4	3
8	Consulta informaciones del cliente	5	3
9	Integración de clientes, ERP -> vendedor	5	5
10	Consulta informaciones de productos	6	5
11	Integración de productos, ERP > vendedor	6	1
12	Consulta notas fiscales e integración, ERP -> vendedor	7	5

Tabla 1

Esa lista demuestra solamente el alcance funcional que es lo más importante en la mayoría de los proyectos.

ALCANCE, PLAZO Y COSTE

Muchos de los proyectos de software son caros para las empresas. Como vimos anteriormente, si un proyecto de software pequeño son 7 personas en un plazo de 3 meses. En ese escenario cogiendo precios del mercado, el coste de ese proyecto sería entre 30.000 y los 100.000 euros. Imagine que el señor González, un empresario de una empresa mediana, quiera ese software. Lo que se pasa por la cabeza de este es que con ese coste podría abrir un punto de venta más en alguna localidad donde no tienen representación. Es un coste superior al establecimiento de dos filiales para la TecnoCOM con los que podría consolidar su posición en un determinado mercado. Es un coste muy superior a varios equipamientos que la TecnoCOM podría comprar para aumentar su producción. Esta siempre es una gran duda para los empresarios, que son los que deciden invertir.

Un buen administrador siempre piensa en el Retorno sobre Inversión (ROI). Nadie invierte dinero para perder dinero. Un buen administrador no va a gastar miles de euros sólo para decir que sus representantes ya pueden realizar un pedido en el notebook. El negocio tiene se tiene que beneficiar. Lo que ha sucedido últimamente en el mercado es que los proyectos de alcance cerrado, plazo cerrado y coste cerrado, muchas veces desarrollados por fábricas de software, están siempre desfasados en relación al negocio de quien compra el proyecto. Además, muchas veces ofrezcan una calidad muy pobre, pero no confunda calidad de proyecto con calidad de software. La calidad de software es tener un sistema que atienda al negocio y que esté cohesionado, fácil de mantener, fácil de evolucionar, escalable técnicamente, tenga un bajo coste de propiedad (TCO) y la documentación en la medida correcta. Muchos de esos factores sólo pueden ser evaluados después que el software es implantado y algunos de estos sólo tras algunos años de que el software se está ejecutando. Para evaluar la calidad del software durante la construcción, es necesario investigar el código, principalmente a través de la opinión de un especialista. Existen pocas maneras deterministas para evaluarse la calidad del software que no dependa de un especialista. CMMI muchas veces garantiza la calidad del proyecto, sin embargo, no garantiza la calidad del software, entonces, no necesariamente es una garantía de ROI.

Volviendo al proyecto, vamos a ver qué información nos aporta la tabla 1. Esta tiene una lista de funcionalidades separadas por iteraciones, juntamente con un peso funcional establecido por el equipo y con la participación de los stakeholders. ¿Qué significa esto? En primer lugar, esta lista de funcionalidades es un cronograma que ofrece al señor González una excelente visibilidad sobre su inversión. Este sabe lo que representan esas funcionalidades y estas están organizadas de acuerdo con aquello que este quiere ver funcionando en primer lugar. De esa forma, nuestra planificación está basada en objetivos y no en tareas. El proyecto se orienta más en entregar valor a través de software funcionando al final de cada iteración, que en una simple gran pila de documentos. La tabla 1 no es la única visión de la gestión del proyecto. La tabla 2 muestra la planificación del proyecto con fechas.

Iteración	Objetivo de la iteración	Período	Total de puntos
1	Los vendedores conseguirán introducir el pedido en el notebook.	01/08 /2014 a 20/11/20 14	8
2	Un pedido emitido por el vendedor podrá ser transmitido e integrado en el sistema ERP.	21/11 /2014 a 05/12/20 14	7
3	Los datos de precios e impuestos estarán integrados y el pedido calculará los precios e impuestos en el notebook del vendedor.	06/12 /2014 a 30/12/20 14	9
4	El pedido permitirá ventas parciales y evaluará el límite de crédito de los clientes.	01/01 /2015 a 12/01/20 15	6
5	El sistema permitirá la consulta de información de clientes del ERP en el notebook de los vendedores.	13/01 /2015 a 15/02/20 15	8
6	El sistema permitirá la consulta de productos del ERP en el notebook.	16/02 /2015 a 30/02/20 15	6
7	El sistema permitirá la consulta de anotaciones	01/03 /2015 a	5

| fiscales del ERP. | 28/03/20 |
| | 15 |

Tabla 2

En más de una ocasión, el alcance del proyecto es definido en objetivos de alto nivel. Aquí, tenemos dos conceptos importantes y complementarios. El primer concepto es el de TIMEBOX. Se habrá dado cuenta de que todas las iteraciones poseen aún número de días. Este es un concepto importante para el desarrollo iterativo, ya que el objetivo es demostrar resultados periódicamente. La idea que necesita estar en la mente del equipo es la siguiente: tengo 20 días para cumplir el objetivo. Si por algún motivo ese objetivo no se cumple en ese plazo, tal vez hayamos estimado mal el objetivo y tampoco hayamos estimado los posibles problemas que surgen durante el desarrollo de una funcionalidad en particular, sin embargo, es más fácil acertar con una planificación basada en objetivos de una planificación basada en tareas.

Este proyecto podría ser resuelto con tres recursos en el plazo de 5 meses con una bastante seguridad. Con eso, ya tenemos el coste. Si cada recurso cuesta 12.000 euros, el coste del proyecto ESTIMADO es de 60.000 euros solamente en el desarrollo del software. Esos números son estimados y poseen incertidumbres, sin embargo, son justos en relación a la inversión del señor González. Vea que no gastamos ningún centavo en detallar los requisitos en ese momento, ese trabajo se realizará durante las iteraciones. Los proyectos ágiles siguen un modelo de contrato de alcance variable, eso es, el proyecto es renegociado en cada iteración, en las cuales revisamos esos números. Cuando la incertidumbre baja, después de una o dos iteraciones de alrededor de 40 días, si se ha identificado que el proyecto es inviable, este puede ser cancelado. El señor González también tiene la libertad de cambiar de proveedor en cualquier momento.

Ese presupuesto tiene en consideración que el equipo consigue implementar, más o menos, siete puntos en cada iteración. Ese número fue tomado en base a la opinión del propio equipo, ya que todos tuvieron la oportunidad de expresar su opinión. Vamos a ver cómo eso funciona.

ESTIMACIONES Y MÉTRICAS ÁGILES

En un proyecto SCRUM, el Product Backlog y el Plan del Proyecto (vea las tablas 1 y 2) son el cronograma, y este puede ser cambiado para adaptar la visión actual del sistema. Rara vez una planificación de software se mantiene igual desde el inicio: el orden de las prioridades cambia muchas veces a causa de nuevos riesgos o de las nuevas necesidades, las funcionalidades son retiradas o añadidas, algunas funcionalidades son partidas en pedazos más pequeños, etc. Con esa gran incertidumbre, principalmente al inicio del proyecto, es un gran desperdicio de tiempo y de dinero invertir en métricas detalladas o en profundizar en la captación de requisitos. Si su proyecto necesita de agilidad, la estimación que debe aplicar también debe ser ágil.

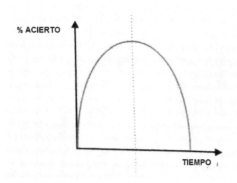

Curva de acierto x tiempo para métricas de software

El gráfico de la figura anterior nos ofrece una información importante acerca de la estimación de software. Todas las estimaciones tradicionales (UCP, FPA) tienen en consideración principalmente el tamaño funcional y, de esa forma, se necesita una mayor profundidad en los requisitos del software para obtener un número a través de esas métricas. El problema de los enfoques tradicionales de la estimación sobre requisitos muchas veces son inciertos. El gráfico nos dice que si usted invierte poco tiempo en la métrica, esta puede tener un acierto bajo o muy bajo, mientras que si usted invierte mucho tiempo, el acierto también es bajo. ¿Existe un punto óptimo de inversión de tiempo en que el acierto sea maximizado? En ese fundamento se basa la estimación con story points.

La estimación con story points es una métrica que tiene en consideración la opinión de todos los actores involucrados en el proyecto. Esa estimación muchas veces se concreta en realidad porque no tiene en cuenta sólo el aspecto funcional o la complejidad técnica, pero sí tiene en cuenta al equipo como uno todo. Esos números que se hacen son el objetivo del equipo, en relación a su productividad, ya que la opinión de todos ha sido tomada en consideración. Las métricas tradicionales (UCP, APF) muchas veces sólo tienen en consideración la opinión de los analistas o de los coordinadores. De esa forma, es difícil que el equipo tome esos números como verdaderos ya que la opinión de estos no fue escuchada. Una de las técnicas para conseguir la colectividad en las estimaciones es el Planning Poker.

LAS ITERACIONES

El RUP define una iteración como: "una iteración comprende las actividades de desarrollo que direccionan la producción de una versión ejecutable y estable del producto, conjuntamente con todos los elementos periféricos necesarios para utilizar esta versión".

En la planificación de las tablas 1 y 2, el equipo definió que el objetivo es entregar la emisión simple de pedidos. En este punto no tenemos ni los documentos de requisitos, ni los diagramas o los prototipos de la emisión de pedidos. El objetivo de toda iteración es entregar software funcionando. Aunque el pedido no estará completo en esa iteración, este será refinado en las próximas iteraciones. El objetivo es llegar al final de esa iteración y obtener un feedback positivo o negativo del señor González en relación a aquello que ha sido construido. Siempre que demostremos el producto, el señor González ve el valor en los 6.000 euros invertidos en el software en cada iteración, ya que sabe que el equipo está construyendo el software y no entregando una gran pila de documentos intentando protegerse de sus propios errores o incertidumbres.

Después del final de esa iteración, seguimos con el próximo objetivo: transmitir el pedido e integrarlo con el sistema ERP. El equipo se centra en ese nuevo objetivo. El objetivo del proceso iterativo es muy simple, pero poco aplicado. El funcionamiento es planear-trabajar-observar-adaptar. Ese ciclo, aunque con nombres diferentes, está presente en la mayoría de las literaturas de procesos o métodos de gestión de proyectos ya sean de software o no. El RUP, PMBOK, el XP, el SCRUM y otros siguen esa misma filosofía: agregar valor al negocio, en constante revisión y adaptación del proceso.

Básicamente trabajamos iterativamente para reducir el riesgo del proyecto. Acordamos más de una vez que el objetivo del proyecto es resolver un problema del señor González. Para resolver ese problema, deberán ser descubiertas muchas de las necesidades de los usuarios y debe emerger alguna solución de software para poder resolver esa necesidad. Algunas de esas soluciones de software son grandes, complejas y cruciales para el éxito del proyecto. En el caso de TecnoCOM, el pedido de ventas es una de esas funcionalidades grandes y arriesgadas. Cuando usted da con un problema de ese tamaño no se adelanta invirtiendo días en capturar requisitos, modelos, actas de reunión sin que los conceptos sean probados con software funcionando. Eso sería como intentar comerse una vaca entera en vez de ir comienzo filete a filete.

Nosotros vamos a aplicar eso en nuestra planificación del proyecto de TecnoCOM. El pedido será resuelto en partes, y como este forma parte del 20% de las funcionalidades que resuelven el 80% de las necesidades de los usuarios, este será implementado casi que totalmente en las primeras iteraciones. Cada 20 días, nosotros mostraremos la aplicación al señor González y otros trabajadores de TecnoCOM. Esa dinámica es más o menos lo que mostramos en la siguiente figura.

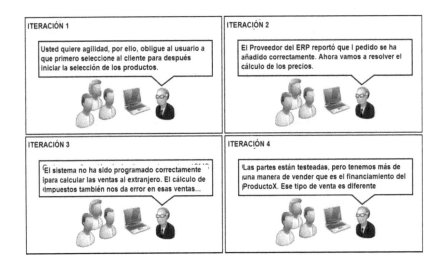

Dinámica de las relaciones con los usuarios en el desarrollo iterativo.

Como vemos, no sólo el señor González valida la aplicación sino que también puede direccionar el desarrollo del software para que este atienda a su negocio. Las Redefiniciones surgen todo el tiempo y son estas las que hacen el software funcione. El software funcionando es lo que garantiza el ROI de su proyecto. Ahora, en la iteración 4 (figura anterior) podemos ver que surgió un cambio fuera del alcance. Nuestro alcance no decía nada acerca de ventas en el extranjero. Si ese tipo de venta es realmente muy diferente de una venta estándar o en parte, esa modificación debe ser negociada, económicamente hablando.

En esa situación, el señor González debe tomar una decisión para incorporar ese nuevo requisito al proyecto, lo que conlleva a plantearse los siguientes puntos:

- Aumento del coste (si es posible)

- Aumento del plazo (si es asumible)

- "abrir la mano" a otras funcionalidades (si es conveniente)

El Scrum defiende la idea del arte de lo posible. Ese concepto nos dice que como equipo de desarrollo de software debemos respetar al máximo la Inversión realizada, siempre manteniendo el nivel de calidad. Si la venta al extranjero no vas a llevar al Product Backlog (tabla 1) una de las tres situaciones de arriba deberá ser considerada de nuevo ya que ese principio debe de estar bien fundamentado en el contrato de alcance negociable firmado con TecnoCOM. No es posible aumentar el alcance sin aumentar el plazo ni el coste o ambos. Es común que las empresas que utilizan la estrategia de "plazo-coste-alcance fijo" "abran la mano" de la calidad para mantener el triángulo de hierro equilibrado, sin embargo, eso contrario al concepto de entregar software funcionando.

Vamos a simular que el señor González decidió mantener el coste y el plazo. De esa forma, alguna funcionalidad del proyecto debe "abrir mano". Vea el Product Backlog actualizado en la siguiente tabla, la tabla 3.

ID	Funcionalidad	Iteración	Puntos
1	Entrada de pedido(simples)	1	8
2	Interface de transmisión de los datos del vendedor <-> ERP	2	2
3	Integración del pedido (vendedor -> ERP)	2	5
4	Entrada del pedido: cálculo de precios e impuestos	3	5
5	Integración de datos de precios (ERP -> vendedor)	3	2
6	Integración de datos de impuestos (ERP -> vendedor)	3	2
6	Entrada del pedido: ventas parceladas	4	3
7	Entrada del pedido: límite crédito	4	3
8	Consulta informaciones del cliente	5	3
9	Integración de clientes (ERP -> vendedor)	5	5
13	**Entrada del pedido: venta Extranjero**	**6**	**3**
10	Consulta informaciones de productos	6	5
11	Integración de productos (ERP > vendedor)	6	1
12	Consulta anotaciones fiscales e integración (ERP -> vendedor)	7	5

Tabla 3

En este ejercicio, aún simplificado, podemos ver qué cambios ocurren. Si toma como su objetivo resolver efectivamente un problema de negocio, deberá adaptarse a los cambios y, muchas veces, hasta estimularlas. Ahora, si los usuarios solicitan cambios que invaliden toda la planificación en cada instante, puede que suceda en los siguientes casos:

- La concepción apenas se ha llevado a cabo;

- Usted no comprendió el negocio del cliente;

- El cliente no comprende su propio negocio.

Independientemente de cualquiera de cada una de esas situaciones, un proyecto iterativo puede minimizar esos perjuicios si esos problemas son detectados en las primeras iteraciones. El proyecto puede hasta ser cancelado para proteger la inversión. Los proyectos en cascada o "tradicionales" sólo toman cuenta de esos hechos al final del proceso, cuando el señor González ya gastó miles de euros en una aplicación que no atiende a su negocio.

AUTO-ORGANIZABLE

Muchos de ustedes deberán cuestionar si las tablas 1 y 2 son suficientes para la gestión de sus proyectos. En la mayoría de las ocasiones, si lo son, sin embargo, el propio equipo puede utilizar otras maneras de organizar las tareas del día a día. Los objetivos del proyecto son importantes, ya que la única manera de reportar la marcha del proyecto de una forma libre de riesgos es a través del software funcionando. Sin embargo, las tareas del equipo también son importantes, pero no lo suficiente para suministrar el status de marcha del proyecto. Las tareas del equipo son de responsabilidad del equipo, estas son ayudar al equipo a alcanzar los objetivos, pero, aunque se realicen mil tareas, el software funcionando aún es el principal índice para evidenciar la marcha del proyecto. Una de las maneras que tienen los equipos para organizar sus trabajos es un cuadro de Post-its, como podemos ver a continuación:

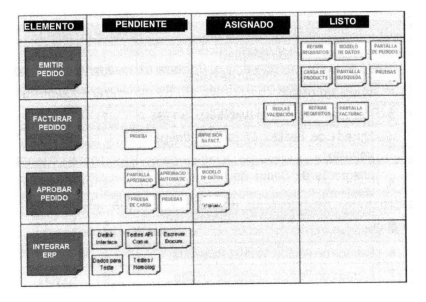

Tareas del equipo

El cuadro de tareas del equipo es una de las herramientas de gestión de proyecto más eficaces ya que permite que todo su equipo trabaje en el mismo espacio físico. Para equipos distribuidos ese cuadro no es la mejor opción. En ese cuadro, en el inicio de la iteración, el equipo define las tareas de bajo nivel (post-its amarillos) que solucionarán los objetivos de alto nivel (post-its azules) de la iteración. El cuadro permite una mayor visibilidad sobre lo que necesita ser realizado, lo que se ha realizado y lo que ya está listo. La idea es que las propias personas de los equipos mantengan el cuadro actualizado. Eso puede ser realizado a través de reuniones rápidas realizadas diariamente, como las promovidas por el SCRUM. Una de las características importantes defendidas por el SCRUM es que el equipo debe ser auto-organizable, lo que quiere decir que no debe haber nadie con mayor poder que esté en el control del equipo. El propio equipo debe saber volcarse solo para definir los trabajos técnicos del proyecto. La gestión del proyecto tradicional dice que el gerente de proyecto controla las tareas. Este define quien va a realizar la tarea en cuestión. El objetivo de las personas es simplemente hacer lo que el gerente les dice. Esa estrategia es muy pobre para los proyectos de software, ya que sigue el patrón de un proceso prescriptivo. En un equipo auto-organizable, no tenemos a nadie definiendo lo que el equipo tiene que hacer. La idea es hacer que el equipo tome el objetivo como propio, y de ahí, de lo propio se define lo que debe ser realizado a través de mucha comunicación y trabajo en equipo. Esas características deben estar presentes en cualquier equipo que participe en proyectos con control empírico como un departamento de marketing, un barco de pesca, un equipo de fútbol, etc.

Los equipos auto-organizables dejan, por norma general, a los gerentes de proyecto tradicionales totalmente desesperados, ya que mucho del control del proceso pasa a manos del equipo.

Hoy en día existen muchas empresas cuyos equipos están maduros para asumir una postura auto-organizable, sin embargo, la gerencia no admite el control empírico sobre el proceso bajo la disculpa de "perder el control", sin embargo, ese control es muchas veces simplemente algo imaginario y no real. Muchas veces, el liderazgo no permite que una evolución positiva que está emergiendo dentro de los equipos florezca, y esa postura ha definido el éxito o el fracaso de esos proyectos y organizaciones.

Otra característica importante defendida por la mayoría de las metodologías es el equipo multifuncional. Eso significa que el equipo debe tener la capacidad de suplir una necesidad del señor González a través de un incremento de la funcionalidad potencialmente implantable. Ese nombre tanto largo "incremento de funcionalidad potencialmente implantable" es un concepto del SCRUM que define el software funcionando. Potencialmente implantable significa que la funcionalidad está lista e integrada. Eso significa que el señor González puede en cualquier momento decidir colocar la aplicación en producción o funcionando. Por ejemplo, este puede decidir implantar el sistema con el pedido después simplemente de la iteración 3. Esa es una manera de anticipar al Equipo de marketing y potencializar el ROI. Como ya se ha mencionado, el 20% de las funcionalidades resuelven 80% de las necesidades.

El equipo debe tener todo conocimiento, todas las informaciones, todas las herramientas y todo lo necesario para capturar requisitos, analizar la solución, codificar y probar el software. Esto es bastante obvio para los proyectos de software. La idea es tener personas asignadas al proyecto, preferentemente en tiempo integral y todas asignadas en el mismo espacio físico. Se trata de una organización por proyecto, explicada por el PMBOK que vemos en la figura siguiente. Ese posicionamiento es defendido por el RUP, SCRUM, XP y otras muchas metodologías y autores importantes.

Organización por proyecto

Es muy común encontrar en fábricas de software u otras empresas una organización funcional clásica. Eso es, una organización vertical en la cual tenemos departamentos o pseudodepartamentos organizados funcionalmente, donde ocurre una especialización siguiendo los principios de Taylor de la división del trabajo. Como podemos ver en la siguiente figura.

Organización funcional

Como podemos ver, en esa estructura hay una división del papel del liderazgo en incontables personas. Esa no es una de las más indicadas para proyectos que siguen un proceso empírico como el software. La primera razón es que difícilmente conseguirá orientar al equipo en objetivos si existen incontables proyectos para cada persona. En esa configuración, las personas comúnmente trabajan como en una línea de montaje. Muchas veces estas se comunican sólo a través de herramientas, y las herramientas no dejan de ser un medio muy pobre de comunicación. La mejor manera de comunicarse y a través de la conversación cara a cara y una organización por proyectos como la que vimos en la figura de Organización por proyecto es la que más promueve ese tipo de comunicación. Vamos a ver ahora un trozo de la guía PMBOK que puede esclarecernos cuando ese tipo de organización funcional es indicado:

"La organización funcional clásica es una jerarquía en que cada operario posee a un superior bien definido. Los operarios son agrupados por especialidad, como producción, marketing, ingeniería y contabilidad, en el nivel superior. Las organizaciones funcionales que tienen proyectos, pero el alcance del proyecto normalmente está restringido a los límites de la función. El departamento de ingeniería en una organización funcional hará su trabajo del proyecto de modo independiente de los departamentos de producción o de marketing. Cuando se realiza el desarrollo de un nuevo producto en una organización puramente funcional, la fase de proyecto, generalmente llamada de proyecto de diseño, este incluye solamente al personal del departamento de ingeniería. Después, cuando surgen cuestiones sobre producción, estas serán enviadas al jefe de departamento en el nivel jerárquico superior de la organización, que consultará al jefe del departamento de producción".

Podemos ver que el PMBOK define que la organización funcional tiene características que, si son aplicadas en una empresa que desarrolla software, el proceso de desarrollo será en cascada o secuencial, huyendo del desarrollo iterativo e incremental. Las organizaciones funcionales se aplican a los proyectos de construcción de obra civil, es decir, en productos desarrollados mediante procesos prescriptivos. Esa es una de las razones por las que todo el concepto de la fábrica de software es como mínimo cuestionable. Otro punto es que si el alcance del proyecto está restringido a los límites de la función, entonces prácticamente será imposible orientar al equipo a entregar software funcionando. Si usted aplica esa estructura en proyectos de software, el equipo estará orientado a tareas como: escribir 20 casos de uso, diseñar 30 diagramas, implementar 40 clases, ejecutar casos de prueba, etc. El problema de ese punto de vista es que la suma de esas tareas no necesariamente produce software funcionando o que atienda a la necesidad real del negocio. Como ya hemos visto, todo eso se trata de abstracciones que no pueden ser evaluadas como correctas hasta que el software sea validado en el ámbito de los negocios. Esto quiere decir que 20 casos de uso escritos simplemente significan que el 0% del proyecto está en marcha.

Esa regla del valor agregado orientado al software funcionando es agresiva, sin embargo es la manera más libre de riesgos de reportar la marcha del proyecto. Esa regla inclusive es una de las maneras que tiene usted de evaluar cómo está su proceso de desarrollo. Un buen proceso de desarrollo de software entrega software funcionando regularmente. Si usted tiene problemas para tener un release estable de su aplicación en un periodo breve, de una semana más o menos, entonces es muy probable que tenga problemas en su ciclo de desarrollo. Haga una prueba: inicie una semana poniendo como objetivo a su equipo entregar funcionando un único escenario de un caso de uso hasta el viernes y vea lo que sucede. Si ellos entreguen un build funcionando puede decir que su equipo consigue entregar valor en un corto periodo de tiempo. Si ellos no consiguen cumplir, es probable que tenga problemas en su entorno de desarrollo. Algunos problemas que suelen surgir en el mercado en general son:

- Problemas arquitecturales graves o falta de una arquitectura;

- Falta de conocimiento y formación de las personas;

- Estructuras altamente funcionales con muchas dependencias externas;

- Falta de motivación;

- Orientado en tareas y no en objetivos;

- Gestión cobarde;

Equipos poco compensados: muchos analistas y pocos probadores, como ejemplo.

Algunos gestores, como los gerentes de proyecto o coordinadores, cuestionan cuando hablamos de esa regla, que es principalmente defendida por el Scrum. En el Scrum, cada iteración del equipo debe mostrar los elementos del Product Backlog funcionando para el Product Owner (el señor González). Solamente con el aval del Product Owner el elemento es dado como concluido. Esos gestores que cuestionan esa regla muchas veces están acostumbrados a procesos en cascada y comúnmente reportan la información con el porcentaje engañoso que nos reporta un diagrama de Gantt. Estos están acostumbrados a reportar que 20 casos de uso escritos pueden representar a tener el 30% del proyecto concluido. Usted ya oyó alguna vez la frase ¿Tenemos el 99% concluido sólo nos falta probar? Pues por culpa del Gantt Chart. Vamos a explorar más algunos problemas del Gantt Chart para los proyectos de software.

Diagramas de Gantt en los proyectos de software

Muchas organizaciones intentan y fallan miserablemente al aplicar diagramas de Gantt para controlar y reportar el status del proyecto. Vamos a ver un ejemplo:

- **El proceso es cíclico:** es muy común ver Gantt Charts de proyectos de software con esa disposición, sin embargo, una de las mayores razones por las que falla la monitorización del proyecto con los Gantt Charts es que el proceso de desarrollo de software es cíclico y no lineal de la manera Requisitos-Análisis-Codificación-Prueba. Como ya hemos visto, los productos de esas disciplinas son abstracciones, por lo que no podemos tomar un documento de requisitos y tratarlo como "listo" de manera determinista. El desarrollo de una funcionalidad de software pasa por varios ciclos de Requisitos-Análisis-Codificación-Prueba. Esa es una de las razones por las que los Gantt Charts siempre están atrasados. Muchas veces, no está previsto en el cronograma que durante las pruebas el proceso puede volver a la codificación varias veces, al igual que con los análisis o los. Como ese tiempo no está previsto, naturalmente el cronograma se hace imposible de cumplirse.

- **El Síndrome del Estudiante:** uno de los problemas comunes de la orientación en tareas es un fenómeno llamado el "Síndrome del Estudiante" defendido por Eliyahu Goldratt en la Teoría de la Corriente Crítica. Ese fenómeno es simple de observar los proyectos. ¿Alguna vez consiguió ver un proyecto de software controlado por diagramas de Gantt que haya sido entregado antes del plazo? Como la mayoría de nosotros, seguramente muy pocos proyectos, seguramente los que eran realmente sencillos. Ese fallo sucede porque un Gantt Chart funciona mejor para proyectos con control definido y no empírico. El Síndrome del Estudiante también es llamado de Procrastinación. Procrastinar es aplazar continuamente el inicio de las tareas simplemente por el hecho de darle al cronograma "un plazo confortable". En el diagrama de la figura que vemos más abajo podemos ver que fueron asignadas 32 horas en julio realizar el análisis. Aunque este consiga hacer ese trabajo en 8 horas, la tendencia es que él sólo diga que terminó después de las 32 horas, o tal vez este inicie la tarea solamente cuando esté allá por las 24 horas del plazo. El Síndrome del Estudiante está probado por el simple hecho de que las personas realmente saben el último minuto posible que tienen estas para iniciar una tarea. Este nombre viene debido precisamente por esto, porque muchas veces nuestro comportamiento cuando tenemos una prueba marcada para entregarla aquí a un mes es como la de un estudiante cuando tiene exámenes: sólo comenzamos a estudiar un día antes del examen.

- **Las dependencias no existen:** Muchas personas realmente creen que existe una dependencia Requisitos-Análisis-Codificación-Prueba. Esas personas están en contacto desde hace mucho tiempo con diagramas de Gantt, organizaciones funcionales, división del trabajo y desarrollo en cascada, y esa exposición de prácticas pobres generó paradigmas en la mente de estas, sin embargo, esas dependencias no existen en la práctica. Es posible que usted tenga requisitos, análisis, codificación y pruebas todas a la vez, o tal vez, en un plazo tan corto de tiempo, de forma que no es interesante gestionar esas dependencias. Una de las cosas que las personas no comprenden de la metodología (XP) es la práctica de TDD (Test-Driven Development). En esa práctica, las pruebas son escritas antes de que cualquier código de la funcionalidad sea escrito. De esa forma, no existe código no probado y las pruebas son realizadas antes o durante la codificación. La idea es: codificar un poco, se prueba un poco, y ese ciclo ocurre centenares de veces en un único día. Otro punto: a los agilistas les gusta realizar las pruebas como sus propios requisitos, entonces, las pruebas y los requisitos se realizan una cosa sólo. De esa forma, una única semana, el ciclo requisitos-codificación-prueba puede ocurrir miles de veces dentro de un equipo. La captura de los requisitos puede ser realizado en cualquier momento a través de la práctica del cliente presente, o a través de una llamada telefónica con el señor González. El análisis puede ser realizado de modo incremental así que los nuevos requisitos son añadidos en el proyecto, es el refactoring. Las disciplinas no son fases, estas ocurren cíclicamente y ese ciclo en un equipo ágil es tan rápido que el coste para gestionarlo no merece la pena. Antes de que las personas comiencen a intentar a aplicar ideas Tayloristas en el desarrollo de software, esa actividad era muy simple, divertida y era la última preocupación que existía era el cronograma.

■   **La gran mentira del porcentaje concluido:** Si usted ya trabajó con los diagramas de Gantt lógicamente, si ve la figura que vemos más abajo, deberá pensar que el porcentaje de conclusión del proyecto está en el 82% concluido. Si muestra ese Gantt a cualquier gerente de proyectos, la mayoría de estos le dirán que el proyecto está al 82% concluido. Estos están entrenados para buscar por la columna "% Complete" y subir los ojos hacia la primera línea para saber cómo está el proyecto.

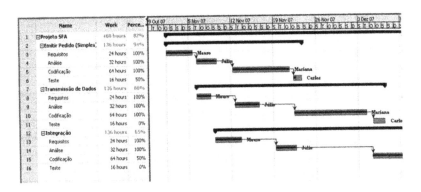

Diagrama de Gantt de proyecto de software

Antes de hablar del problema del 82% del proyecto concluido, quiero que imagine una máquina de hacer zumo de naranja. El proceso es fácil, usted abre el saco de naranjas, coloca las naranjas dentro de la máquina y después de unos instantes, sale el zumo de la máquina. Ese es el comportamiento es el esperado. Ahora, imagine que coloca las naranjas dentro de la máquina y no sale zumo ninguno. Usted habla con el vendedor de la máquina y este le dice que continúe colocando naranjas que el zumo va a comenzar a salir. Usted continúa, pero nada de salir zumo salir.

Enfadado, vuelve a llamar nuevamente al vendedor y este le dice que continúe colocando naranjas. Entonces, verá que sucede algo raro, pero continúa colocando naranjas en la máquina, sin conseguir obtener ni una gota de zumo. Ese proceso continúa hasta que usted ya colocó 100 sacos de naranja en la máquina y ahora comienza a desconfiar que no vaya a salir zumo ninguno, o que de salir zumo, este va ser de una pésima calidad.

Normalmente, es eso lo que ocurre en los equipos orientados a las tareas. Estos no consiguen extraer el zumo de la fruta. Si usted colocó 100 sacos de naranja en la máquina, ¿puede decir que el proyecto avanza aún sin haber obtenido ni una gota de zumo? El cliente que quiere el zumo, ¿quedaría satisfecho en saber que esos 100 sacos ya están en la máquina? Desde luego que no, lo que el cliente quiere es el zumo de naranja.

Muchas empresas de desarrollo de software, por increíble que pueda parecer, tienen una dificultad enorme en entregar software funcionando regularmente debido a muchos de los problemas que ya hemos visto anteriormente. Debido a esa dificultad, estas adoptan un proceso de desarrollo en cascada exactamente para postergar al máximo las actividades que evidencian los problemas (como la codificación y las pruebas). Debido a eso, para ellos es muy poco confortable reportar el status del proyecto basado en software funcionando, de manera iterativa. Para ese tipo de organización, el reportar status basado en tareas que no agregan valor ninguno es más confortable, aunque sea mentira.

Esas empresas usan Gantt Charts, ya que estos suministran una marcha del proyecto que atienden a sus intereses, sin embargo, reportar la marcha de proyectos de software basado en tareas es extremadamente arriesgado. Vuelva a mirar nuevamente la figura del diagrama de Gantt, usted ¿puede percibir que el 82% del proyecto esté concluido cuando no tenemos ninguna funcionalidad lista? Si se para a pensar, el software literalmente no existe, lo que tenemos son pilas de documentos, modelos y código no probado, ni siquiera sabemos si lo que se ha generado atiende al negocio de TecnoCOM. Los 82% concluidos es un gran engorro que normalmente se transforman en el 99% listo, sólo falta probar. La gestión orientada en tareas y el uso del diagrama de Gantt son los responsables por el famoso corre-corre, de las horas extras y del incremento del coste final de los proyectos. Un equipo ágil, en la mayoría de las ocasiones, tiene una tranquilidad enorme al final del proyecto. Basta con ver el Product Backlog y el Plan del Proyecto (tablas 1 y 2) del proyecto TecnoCOM. Después de la 3ª iteración, los mayores riesgos, como las funcionalidades críticas del pedido de ventas, ya están resueltas. La práctica de anticipar riesgos y trabajar al lado del cliente garantiza noches de sueño más tranquilas.

No CONFUNDIR TRADICIONALISMO CON DESCONOCIMIENTO

El objetivo es direccionar las prácticas de los equipos hacia aquello que realmente está fundamentado en las metodologías de desarrollo que las empresas dicen seguir, destacando el RUP y el PMBOK. Aprovecho aquí para relatar un tramo de la literatura del Ken Schwaber: "La MegaEnergy tenía un proceso de gestión de proyectos muy tradicional y formal desarrollado a través de los años por el PMO, que estaba compuesto por un equipo senior que anteriormente gestionaba proyectos de construcción de oleoductos. Para estos, el Gantt era el santo grial para la planificación y el control del proyecto. La solución de estos para el primer fallo del proyecto Title fue aumentar la extensión de la planificación inicial y fortalecer rígidamente el proceso del control de cambios en la segunda tentativa. Estos creían que el primer proyecto falló porque la gestión toleró muchos cambios en el plan inicial. Eso nos puede recordar a la definición de demencia de Einsten: hacer la misma cosa varias veces esperando resultados diferentes. Sorprendentemente, esa práctica es común. Si un proyecto falla, las personas asumen que el proyecto falló porque los mecanismos definidos no fueron seguidos rigurosamente. Estos concluyen que lo que es necesario para tener éxito es tener más control y definición sobre el proyecto".

Continuamente, podemos ver en el mercado la aplicación de las mismas técnicas erróneas en muchos proyectos diferentes que fallan uno después del otro. El peor es que muchos gestores reniegan del Manifiesto Ágil argumentando que prefieren los métodos tradicionales como el RUP o PMBOK, sin embargo, como venimos aquí, estos están muy lejos de aplicar esas metodologías.

Como ejemplo, ni el RUP, ni el PMBOK ni ninguna otra literatura importante dice que el Gantt Chart sea una herramienta buena para gestionar proyectos de software, por lo que utilizar esa herramienta no es tradicionalismo, y sí, una acomodación al estándar que sólo interesan a los propios gestores, ya que esa herramienta, muchas veces, oculta los problemas y muestra de manera muy errónea que la culpa es del equipo.

Conclusión

La idea de este capítulo es hablar un poco sobre algunos rasgos del liderazgo con el coraje necesario para gestionar efectivamente un equipo de desarrollo de software. Esos rasgos pueden alejar a los líderes de las características de una gestión cobarde. Sólo para citar la diferencia entre esos dos estilos, vea la siguiente tabla.

Líder con Coraje	Gestor Cobarde
Es referenciado positivamente por el equipo.	Falla al agregar valor de negocio a las soluciones.
Se esfuerza al máximo para resolver problemas o sugiere opciones creativas para rodearlos.	Cobra rendimiento, pero no reconoce los problemas.
Conoce el día a día del equipo. Puede inclusive participar de las actividades del mismo.	No sabe resolver las dependencias del proyecto. Esconde la realidad a través de las herramientas de gestión.
Promueve la "auto-organización" del equipo.	No lidera.
Orientado en los objetivos.	Acostumbra a "dar unos gritos", impone autoridad.
Lidera dando ejemplo a los equipos.	

APLICACIÓN DE EXTREME PROGRAMMING (XP)

Hace algunas décadas, la industria de software buscaba técnicas de desarrollo que pudieran reducir los riesgos en los proyectos, y hacerla más productiva. Para atender esta demanda, en el año de 1968, fue creada la línea de investigación de Ingeniería de Software. Desde entonces, surgieron incontables proya quetas que buscaban mejorar el rendimiento de los proyectos, el primer esfuerzo en ese sentido fue la creación del proceso de desarrollo de software en cascada.

En la década de 1990, algunos profesionales de software propusieron nuevos procesos de desarrollo, más orientados en los aspectos humanos de los proyectos. En el año de 2001, diecisiete profesionales expertos se reunieron para discutir sus prácticas de desarrollo, estableciendo los principios comunes, proyectos y alternativas para agilizar el desarrollo, hasta entonces, excesivamente basados en documentaciones y formalismos. Surgen las metodologías ágiles.

De entre las metodologías ágiles destacamos la Extreme Programming (XP), creada por Kent Beck el año de 1997 en un proyecto para Chrysler. Una metodología eficiente, que gracias a una serie de principios y buenas prácticas, posibilitaba a los desarrolladores trabajar de forma ágil, sin dejar de lado los aspectos como el coste y la calidad de software.

Este trabajo capítulo tiene por objetivo presentar una visión teórica de los valores, prácticas y principios de la metodología XP. Para alcanzar este objetivo, la metodología de desarrollo adoptada fue una captura bibliográfica en libros, artículos y materiales disponibles en internet. Para complementar la referencial teórica fue efectuada una investigación exploratoria y cualitativa, en una pequeña empresa productora de software española que adaptó la XP para su realidad.

METODOLOGÍAS ÁGILES

Según Sommerville, un método de desarrollo de software es un conjunto de actividades que auxilian la producción de software. El resultado de esas actividades es un producto que refleja la forma de conducir un proceso como un todo. En la década de 1990, los problemas con los proyectos y la insatisfacción con los enfoques pesados de desarrollo de software llevaron algunos desarrolladores a proponer nuevos métodos.

El término de Metodologías Ágiles se hizo popular cuando diecisiete especialistas en desarrollo de software, presentaron los métodos Extreme Programming (XP), Scrum, Feature Driven Development FDD, entre otros, establecieron principios comunes compartidos por todos. El resultado fue la creación de la Alianza Ágil5 (Agile Alliance) y el establecimiento del Manifiesto Ágil o Agile Manifiesto, en el año de 2004. Las metodologías ágiles varían en sus prácticas y en sus fases, sin embargo, comparten algunas características, tales como: desarrollo iterativo e incremental, comunicación y reducción de productos intermediarios y de la documentación extensiva.

Koscianski y Suenes describen los conceptos clave del Manifiesto Ágil de la siguiente forma:

- Individuos e interacciones en vez de procesos y herramientas;
- Software ejecutable en vez de documentación;
- Colaboración del cliente en vez de negociación de contratos;
- Resya quetas rápidas a los cambios en vez de seguir los planes. Según los autores, el Manifiesto Ágil no rechaza los procesos y las herramientas, la documentación, la negociación de contratos o la planificación, pero Simplemente muestra que estos tienen una importancia secundaria cuando son comparados con los elementos humanos del proyecto (desarrolladores y clientes) y la rápida disponibilización de un software ejecutable, de acuerdo con la necesidad del cliente.

Según Sommerville, al utilizar una metodología ágil, un representante de los stakeholders debe estar disponible casi todo el tiempo. Esto puede ser un problema principalmente si hay muchos stakeholders con prioridades diferenciadas. La motivación para la agilidad reside en los siguientes tópicos:

- Los clientes o usuarios no tienen certeza de lo que quieren;
- Estos tienen dificultad para decir lo que quieren y lo que saben;
- Los detalles que estos necesitan serán revelados durante el desarrollo;
- Los detalles son complejos para los usuarios;

- Cómo estos ven el desarrollo del producto, estos cambian sus pensamientos;

Las fuerzas externas (competidores, productos, servicios, entre otros) pueden conllevar las modificaciones del software.

Pressman relata que la Agilidad fue como una palabra mágica cuando se describe un proceso moderno de software, todo debe ser ágil. Un equipo ágil es un equipo capaz de responder adecuadamente a las modificaciones que pueden ser aplicadas a todo lo que envuelve el desarrollo de software, tales como: reglas de negocios, miembros del equipo, tecnologías; entre otras.

Cada metodología propone procesos diferentes, pero, comparte un conjunto de principios comunes. Esos principios son enumerados en el cuadro 1.

Principio	Descripción
Participación del Cliente	Los clientes deben ser participar en el proceso de desarrollo. Su papel es proveer y priorizar nuevos requisitos del sistema y evaluar las iteraciones del sistema.
Entrega Incremental	El software está desarrollado en incrementos y el cliente especifica los requisitos que serán incluidos en cada incremento.
Orientado en las personas y no en procesos	Las habilidades del equipo de desarrollo deben ser reconocidas y exploradas. Los miembros del equipo deben devolver sus propias maneras de trabajar.
Aceptar Cambios	Tener en mente que los requisitos del sistema van a cambiar, por esto el proyecto

		y el sistema se van a acomodar a esos cambios.
Mantener	**a**	Concentrarse en la Simplicidad del
Simplicidad		software que está siendo desarrollado y en el proceso de desarrollo. Siempre que sea posible, eliminar la complejidad del sistema.

EXTREME PROGRAMMING (XP)

La metodología XP se considera una metodología leve de desarrollo de software. Esta es clasificada como un sistema de prácticas que la comunidad de desarrolladores de software viene evolucionando para resolver los problemas de entrega de software de calidad rápidamente, y poder alcanzar las necesidades de negocio que siempre cambian. Esta surgió a partir de ideas de Kent Beck y Ward Cunningham y que fue utilizada por primera vez en un proyecto piloto en marzo de 1996, del cual el propio Beck formaba parte. Lo de Extreme del nombre de la metodología se debe al hecho de que esta emplea al extremo, las buenas prácticas de la Ingeniería de Software.

La XP no se aplica a todos los tipos de proyectos, siendo más apropiada para los proyectos con equipos pequeños o medianos, de dos a doce personas. Sin embargo, algunos defienden su uso en grandes proyectos, ya que al dividirlos en subproyectos independientes. Los proyectos largos deben ser partidos en una secuencia de mini proyectos de auto contenidos, con una duración de una a tres semanas.

Según Teles, la XP es un proceso de desarrollo de software apropiado para los siguientes proyectos:

- Con requisitos que son vagos y que cambian con frecuencia;
- Desarrollo de sistemas orientados a objeto;
- Equipos pequeños;
- Desarrollo incremental. Para el autor la XP está organizada para asegurar que el cliente siempre reciba un alto retorno de la inversión en software.

VALORES DE EXTREME PROGRAMMING

Según Beck la XP está definida por medio de valores, principios y prácticas. Los valores describen los objetivos de largo plazo y definen criterios para obtener el éxito. Los valores son: Feedback, Comunicación, Simplicidad, Coraje y Respeto.

Cuando el cliente aprende el sistema que utiliza y re-evalúa sus necesidades, este genera un feedback para el equipo de desarrollo. Es decir, este realimenta al equipo con modificaciones en las necesidades que aún serán implementadas y, eventualmente, en aquellas que ya forman parte del software. El feedback es el mecanismo fundamental que permite que al cliente conducir el desarrollo diariamente y garantizar que el equipo direccione sus atenciones para aquello que generará más valor.

La comunicación entre el cliente y el equipo permite que todos los detalles del proyecto sean tratados con la atención y la agilidad que se merecen. La XP busca asegurar que la comunicación ocurra de la forma más directa y eficaz posible. Siendo así, esta busca aproximar a todos los participantes del proyecto a modo que todos puedan tener un diálogo presencial.

La comunicación, aunque sea esencial, no es suficiente para garantizar que el cliente pueda aprender durante el proyecto y generar un feedback rápidamente. También es necesario que el equipo comprenda y utilice el valor de la Simplicidad, que nos enseña a implementar sólo aquello que es suficiente para atender cada necesidad del cliente, o sea, al codificar una funcionalidad el objetivo debe estar en los problemas actuales y dejar los problemas del futuro para el futuro.

No se debe intentar prever el futuro, ya que raramente se consigue acertar. Al evitar especular sobre lo que sucederá, se gana tiempo, permitiendo que el cliente tenga acceso a la funcionalidad rápidamente. Eso permite la rápida utilización de su software, generando valor y haciendo viable el feedback para el equipo rápidamente.

Eventualmente, con base en el feedback, el equipo podrá hacer modificaciones cuando estas sean necesarias, en base a una necesidad explícita y no a la especulación de algo que podría ser necesario en el futuro. Dado que el sistema se desarrolla de forma incremental, el equipo está continuamente haciendo el mantenimiento del software y creando nuevas funcionalidades.

En muchos casos, esta modificará algo que venía funcionando correctamente, lo que lleva al riesgo de generar fallos en el sistema. Por esta razón, el equipo necesita tener coraje y creer que, utilizando las prácticas y los valores de la XP, será capaz de hacer que el software evolucione con seguridad y agilidad.

El respeto es un valor que da sustentación a los demás. Si este no existe en un proyecto, no hay nada que pueda salvarlo. Oír, comprender y respetar el punto de vista de los demás integrantes del equipo es esencial. Todos los valores presentados son los cimientos de la XP, ya que estos que ofrecen sustentación a las buenas prácticas adoptadas en la metodología XP.

PRÁCTICAS DE EXTREME PROGRAMMING

La XP tiene una docena de prácticas derivadas de sus valores. Esas prácticas definen su uso y son las siguientes:

- **Cliente Presente:** Uno de los paradigmas del desarrollo de software tradicional es que el cliente no necesita, o incluso no debe estar presente durante el proceso de desarrollo. La XP busca acabar con ese paradigma, haciendo que la presencia del cliente sea de vital importancia para el éxito del proyecto. El feedback que el cliente suministra es parte esencial de una iteración. Para que el cambio de feedback pueda ocurrir y el cliente pueda obtener el máximo de valor del proyecto, es esencial que este participe activamente del proceso de desarrollo.

- **Juego de la Planificación:** En el inicio de cada iteración el cliente es invitado a escribir, a su manera, las funcionalidades que desea en el sistema, en pequeñas tarjetas llamadas historias de usuario, esa es la cantidad más pequeña de información que este puede especificar. Conocedor del tiempo y del coste, el cliente debe decidir el orden en que cada historia de usuario será desarrollada, es decir, este prioriza el desarrollo de las funcionalidades. Esta práctica es conocida como el Juego de la Planificación y asegura que el equipo trabaje en el que considera más importante para el cliente.

- **Programación en Par:** En la programación en par, dos desarrolladores escogen una historia de usuario y se sientan en un único ordenador para codificar una determinada funcionalidad. El desarrollador con menos experiencia tiene como responsabilidad asumir el control del teclado y conducir activamente la programación del código fuente, mientras el otro con mayor experiencia inspecciona el código en busca de errores y defectos, cuestionando las decisiones y buscando estratégicamente las soluciones más Simples para el código. Uno de los beneficios de esa práctica es la revisión constante del código, y también la diseminación del conocimiento entre los pares, lo que ayuda a la nivelación técnica de todo el equipo.

- **Releases Cortos:** Según Beck esta práctica busca, por medio de releases cortos, entregar versiones actualizadas del software al cliente a lo largo del proceso de desarrollo.

- **Desarrollo Guiado por las Pruebas:** Los desarrolladores escriben pruebas para cada funcionalidad antes de codificarlas. De esta forma las interfaces externas de los métodos y de las clases son planeadas antes de codificación. Esta práctica genera una masa de pruebas que puede ser usada en cualquier momento para validar todo el sistema.

- **Refactoring:** El refactoring es el proceso de reorganizar el código fuente de un software para mejorar su calidad interna, facilitar la lectura y disminuir el tiempo desperdiciado con el mantenimiento, sin perjudicar el rendimiento y modificar su comportamiento externo. Esa técnica es fundamental para hacer el código más legible y detectar errores en ciertos algoritmos.

- **Código Colectivo:** En la XP, el sistema no está segmentado en partes. Los desarrolladores tienen acceso a todas las partes del código y pueden modificar aquello que juzguen importante: el código es colectivo. Eso suministra mayor agilidad al proceso y crea más un mecanismo de revisión y de verificación del código, ya que aquello que es escrito por un par, acaba siendo manipulado por otro. Si alguna cosa está confusa en el código, este pasará por el refactoring.

- **Código Estandarizado:** Para que todos los desarrolladores puedan manipular cualquier parte del software, de forma más rápida, el equipo establece estándares de codificación, que sirven también para hacer el sistema más homogéneo, permitiendo que cualquier mantenimiento futuro sea efectuado más rápidamente.

- **Integración Continua:** La práctica de la integración continua es la actividad de unir el trabajo realizado por un par de programadores, al código como uno todo. Después de terminar determinada actividad, el par debe probar y juntar su código a la versión más reciente del código colectivo. Eso debe ser hecho varias veces al día, para sincronizar las actividades individuales.

- **Ritmo Sustentable:** Esa práctica consiste en trabajar respetando los límites físicos y demostrando respeto por la individualidad. Para eso, la XP recomienda que la carga horaria de trabajo no pase de las 8 horas diarias y 40 horas semanales.

- **Metáfora:** Esta práctica utiliza comparaciones que permiten al equipo transmitir ideas de modo que todos la entiendan. Muchas veces un miembro del equipo intenta explicar determinada actividad, pero no consigue ser entendido, por lo que el trabajo queda comprometido. El uso de metáforas posibilita transmitir la idea de modo de aclaración para los oyentes. Esta práctica facilita la comunicación entre desarrollador y el cliente, estableciendo un vocabulario común entre ambos.

- **Stand Up Meeting:** El equipo de desarrollo se reúne cada mañana para evaluar el trabajo que fue ejecutado el día anterior y priorizar aquello que será implementado el día que se inicia. Se trata de una reunión rápida que recibe el nombre de stand up meeting, que en inglés significa reunión en pie.

PRINCIPIOS DE EXTREME PROGRAMMING

Según Beck los cinco valores de la XP (comunicación, Simplicidad, feedback, coraje y respeto) suministran los criterios para una solución de éxito. Sin embargo, los valores son vagos. Es necesario transformar los valores en principios concretos que puedan ser usados. El autor resalta que esos principios se orientan a la elección entre las alternativas. Cada principio incorpora los valores. Un valor puede ser vago, ya que lo que es Simple para una persona puede ser complejo para otros. Un principio es más concreto. Los principios fundamentales de la XP son: feedback rápido, presunta Simplicidad, cambios incrementales, aceptación de los cambios y alta calidad.

La psicología de aprendizaje enseña que el tiempo transcurrido entre una acción y su feedback es fundamental para el aprendizaje. Obtener el feedback rápido, interpretarlo y aplicar lo que se aprende debe suceder de manera rápida. La organización aprende cual es la mejor forma para contribuir en el sistema. Muchas veces lo que se aprende en días o semanas, tradicionalmente llevaría meses o años.

La presunta Simplicidad trata cada problema como si pudiera ser resuelto de manera Simple. En 98% de los problemas son solucionados de manera Simple, y encararlos de esta manera, a priori, economizará el tiempo, necesario para la resolución de los 2% de los problemas complejos presentes en el proyecto. En cierta forma, este es el principio que los programadores tienen más dificultad en aceptar. Tradicionalmente, los desarrolladores están orientados a planear el futuro, volcado en el reuso. En vez de eso, la XP recomienda que la tarea actual resuelva los problemas actuales.

El concepto de la aceptación de los cambios consiste en que: la mejor estrategia es aquella que preserva el mayor número de opciones, mientras resuelve el problema más urgente. De las cuatro variables de desarrollo de proyectos (alcance, coste, tiempo y calidad), la calidad no es opcional, los únicos valores posibles son excelente o insanamente excelente. En general, a los desarrolladores les gusta entregar trabajos de alta calidad, de lo contrario estos no aprecian su trabajo, consecuentemente no trabajan bien y el proyecto puede ser un fracaso.

CUANDO UTILIZAR EXTREME PROGRAMMING

La metodología XP propone una forma Simplificada y eficaz de desarrollo de software. Pero, aplicarla en equipos de desarrollo que hacen uso de otros procesos no es una tarea fácil, y muchas veces resulta imposible. La gran dificultad no tiene que ver con el respeto a los problemas técnicos, pero sí, a los culturales dentro de los equipos de desarrollo.

Otro punto importante a considerar es la política de la empresa que desarrolla software. Si la empresa produce software masivo, la XP no es aconsejable. Ese concepto no se aplica a la XP, sino que se aproxima al modelo en cascada, con una serie de etapas ejecutadas unas después de otras, planeando en el inicio y recibiendo el feedback sólo al fin del proceso.

Según Borborema , el uso de la XP debe ser realizado en empresas que priman los procesos dinámicos de desarrollo, basados en la colaboración del cliente y en el aprendizaje continuo de todos los integrantes del equipo. El Cuadro 2 muestra algunas situaciones en las que el uso de la XP no es recomendable.

Situación	Descripción
Contratos de alcance cerrado	Dada la naturaleza flexible de la XP el hecho de que el cliente espere un producto final en el plazo genera un desacuerdo entre las partes. Al final, el cliente no será parte del time.
Política de apremios	Los premios individuales no son recomendados, ya que la metodología hace énfasis en la colectividad.
Clientes exige la documentación	XP está basada en la agilidad y la flexibilidad, y no se recomienda en proyectos donde el cliente quiere el proceso minuciosamente descrito. La

	XP utiliza la documentación de manera muy moderada.
Equipe alinea los cambios	La XP es inviable en el caso de que el equipo sea reticente a los cambios, ya que adoptar la metodología exige dedicación.
Desarrolladores de baja calidad	Si los miembros del equipo responsable del desarrollo no están capacitados, adoptar XP es realmente difícil.

EJEMPLO DE APLICACIÓN DE EXTREME PROGRAMMING

Los datos relatados en esta sección fueron recolectados por medio de entrevistas con dos gestores de la empresa: el Presidente y su Director de TI.

EMPRESA *TECNOCOMPRO*

La TECNOCOMPRO es una empresa de la ideología Informática, fundada el año de 1989. Desde su fundación la Ideológica tuteó con el desarrollo y la consultoría en MySQL, entre otras actividades. En el año de 2014, se transformó en una empresa independiente y completamente orientada a la herramienta MySQL. Los números de la empresa son: 89 clientes activos; 12 operarios; 180 proyectos ejecutados; 8 proyectos en marchas y 7 en Stand by (Mayo/2014); 1 equipo de XP con 10 personas.

La Misión de la empresa es desarrollar herramientas y prestar servicios de alta calidad que proporcionen ganancias reales de productividad, control e información a sus clientes. Su visión es hacer una empresa que sea la referencia nacional en desarrollo en MySQL y PHP.

La empresa posee una cartera de más de 50 clientes, de diversos tamaños, sectores y grados de informatización. Siguen algunos de sus principales cliente: Knorr Bremse, que está integrada a la tecnología LAMP (Linux + Apache + MySQL + PHP).

Atlas Copco, Banco Cosecha, Universidad Son Camilo, Honda Trading, Carrefour, Medial Salud, Itaú Seguros, Kopenhagen, Cuenten 1g. El portafolio de productos desarrollados por la TECNOCOMPRO tiene desde software para el control de una Simple portería hasta sistemas complejos con importación y exportación de diversos datos. Desde el punto de vista jerárquico, la empresa mantiene una estructura Simple. El organigrama lo podemos ver en la figura 1 y nos muestra esa estructura.

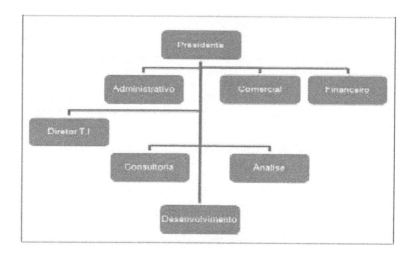

El gran diferencial de la empresa está en la utilización de una metodología práctica y no complicada. La actividad de planificación es suficiente para evitar errores de interpretación y de comunicación, pero no en exceso, para no hacer del proyecto una actividad burocrática. Los gestores de la empresa afirman que su prioridad es el cliente, y todas las decisiones que son tomadas tienen como objetivo agregar valor a este. Por eso, buscan comprender profundamente los procesos de trabajo y las necesidades de los clientes, buscando nuevas oportunidades de mejoría por medio de la aplicación inteligente de la tecnología.

La empresa se especializó en proyectos basados en MySQL por diversas razones, siendo las principales de estas mostradas en el cuadro 3.

Razones	Justificaciones
Velocidad de Desarrollo	Las herramientas LAMP facilitan un rápido desarrollo de aplicaciones nuevas o el refactoring de aplicaciones existentes.
Confiabilidad	Herramienta consolidada en el mercado;
Conectividad	Ofrece conectividad con multitud de software en diversos segmentos de mercado.

La arquitectura de desarrollo en dos capas fue adoptada para las aplicaciones: una capa para los datos y una segunda para la interface. El front end queda en la capa de la interface, donde se localizan los objetos utilizados para el input y la visualización de las informaciones (formularios, informes) y también algunos procesos que se realizan con los datos.

Cuando se cuestiona sobre la no utilización de métodos tradicionales de la Ingeniería de Software como la Cascada, el Director de TI enfatizó mucho que el MySQL es una herramienta que propicia el desarrollo de forma rápida, citando ejemplos de aplicaciones que quedan [...] desarrolladas en menos de 20 horas de trabajo. Debido a esa rapidez y agilidad, no conseguimos aplicar estructuras y métodos complejos. Utilizamos una referencia para desarrollar, que es nuestro alcance detallado, luego escogemos la XP.

En relación a las metodologías ágiles, el Director de TI sostiene que todas las metodologías, si están bien aplicadas, garantizan un buen resultado. Lo que es necesario es conocer si el método utilizado es compatible con la misión de la empresa, y también tener en consideración el modus operandi de la empresa, según este, de forma general, podemos tener éxito si apliquemos parte de todos los métodos, de una forma práctica y Simple.

La adopción de la XP como metodología ágil predominante se justifica por su rapidez de desarrollo y su adherencia a la herramienta MySQL. Sin embargo la empresa utiliza parte de otro método ágil: el Scrum, para mantener su Backlog. Este añade que los dos métodos puedan coexistir dentro de un único entorno, pudiendo utilizar el Scrum para gestionar y la XP para desarrollar, que es el caso de la empresa. El cuadro 4 muestra la visión de los gestores de la TECNOCOMPRO, sobre la utilización de los valores de la XP en la empresa.

Valor	Adopta: SI/NO/ PARCIAL	Justificación de los Gestores de la Empresa
Feedback rápido	SI	La empresa incentiva que el cliente acompañe de manera cercana el desarrollo del proyecto, obteniendo un feedback rápido, para interpretar la aplicación del sistema.
Presunta Simplicidad	SI	Se debe implementar solamente lo suficiente para atender a cada necesidad del cliente. Tratando cada problema como si pudiese ser resuelto de manera simple.
Cambios Incrementales	SI	Desde que la naturaleza del proyecto permita la práctica de este valor.
Aceptación de Cambios	SI	Normalmente los proyectos necesitan cambios después de ser concluidos, ya que las necesidades de los clientes cambian. Se deben afrontar con naturalidad.
Alta Calidad	SI	La calidad en los servicios de software tiene dos dimensiones: (1) plazo de

> entrega, y (2) necesidades atendidas. Estas dos dimensiones determinan la calidad de un proveedor de software. Para la empresa: "la calidad, es una cuestión de percepción. Ya que al ser una empresa que presta servicios de informática, la calidad está en el cumplimiento de los plazo acordados con el cliente.".

El cuadro 5 relaciona las doce prácticas de la XP y su forma de aplicación, en la TECNOCOMPRO.

Prácticas de la XP	Utiliz ada SI/Pa rcial/ NO	Comentario
1. Cliente Presente	PARCI AL	El cliente está presente solo al inicio y al final del proyecto. El proyecto normalmente está desarrollado en la TECNOCOMPRO, y normalmente el cliente NO tiene disponibilidad para estar presente todo el tiempo.

2. Juego de la Planificación	NO	En la estructura de la empresa, la división de trabajo está normalmente realizada en el alcance del proyecto.
3. Programación en Par	NO	Aún NO fue implementada en la empresa, ya que el entorno aún NO permite esta práctica.
4. Releases Cortos	PARCIAL	NO hay versiones intermedias. La entrega está siempre en la versión final.
5. Desarrollo Guiado por las pruebas	PARCIAL	Como los Releases son Cortos, las pruebas son planificadas al final de estos.
6. Refactoring	SI	NO es muy utilizado, ya que los códigos son simples y estandarizados, y el refactoring no se realiza en la mayoría de los proyectos.
7. Código Colectivo	SI	EL código colectivo es aceptado y aplicado en la empresa. Los desarrolladores tienen acceso a todas las partes del código que pueden modificar aquello que consideren importante.
8. Código Estandarizado	SI	La estandarización permite a los desarrolladores poder manipular cualquier parte del software, de forma más rápida. El equipo establece estándares

		de codificación que sirven para modificar el sistema.
9. Integración Continua	SI	La integración continua se realiza por medio de los releases, cuando son unidos los códigos generados por diversos programadores en un todo.
10. Ritmo Sustentable	SI	La empresa trabaja respetando los límites físicos y demostrando respeto por la individualidad de cada miembro del equipo.
11. Metáfora	SI	Una "conversación franca" transmite las ideas al grupo, evitando errores.
12. Stand Up Meeting	NO	La división del trabajo sigue el método ágil Scrum, en el cual el proyecto está dividido en ciclos llamado Sprints. Al final de cada Sprint el equipo hace una retrospectiva que define lo que tiene de bueno y de pobre y lo que puede ser mejorado.

Con los desafíos a los que la empresa enfrenta en cada proyecto, el Director de TI concuerda que, el coraje es esencial para creer que, utilizando los valores, prácticas y principios de la XP, será capaz de hacer que el software evolucione con seguridad y agilidad. Para este el valor más importante de la XP es el respeto, enfatizando que el respeto con sus colaboradores y clientes es esencial para el éxito en la adopción de la metodología.

En este escenario de desarrollo el Director TI aconsejó de la siguiente forma a los que desean adherirse a la metodología: Creo que todos podemos trabajar para perfeccionar nuestro método de desarrollo. Para los gestores que van a implementar la metodología en su entorno de desarrollo, el mejor consejo que les puedo dar es, paciencia, ya que la implementación de la XP no se hace de la noche a la mañana, es un proceso lento pero que ciertamente merecerá la pena en el futuro.

CONCLUSIONES

El proceso de desarrollo de software conlleva riesgos, tales como el retraso en el cronograma, la alta tasa de defectos, cambios en los requisitos, proyectos cancelados, sistemas obsoletos, entre otros. Ante este escenario, los métodos tradicionales utilizados para el desarrollo de software ganan importancia.

Los métodos tradicionales de desarrollo de software están orientados a la documentación, necesita de requisitos fijos y completos, lo que hace que la metodología sea pesada y nada flexible. En este escenario, surge la XP, una metodología ágil, que busca tanto un rápido desarrollo, como atender a las necesidades reales del cliente, previendo y posibilitando modificaciones, a medida que aparecen nuevas necesidades.

La estructura de desarrollo creada por la XP proporciona explorar las mejoras mediante las personas participantes en el proyecto para solucionar así los fallos con rapidez y seguridad. Su objetivo es actuar continuamente priorizando las tareas, para evitar los re-trabajos, ahorrando tiempo y recursos, permitiendo generar mayor valor para los clientes.

El ejemplo de aplicación presentado en este ejemplo nos mostró como una empresa que desde su creación adoptó la XP, viene obteniendo éxito en la creación de software. Otro punto importante a destacar es la flexibilidad de la metodología, una vez que la empresa optó en utilizar parte de las prácticas de la XP y combinarla con algunas prácticas de Scrum, escogiendo las opciones que se adecuaban mejor a la situación actual de la empresa. Presentando prácticas y valores muy semejantes, juntas estas metodologías se complementan perfectamente.

El foco de ese tipo de metodología no está en el análisis de riesgos, ni en una documentación detallada, dejando de ser aconsejable en proyectos que necesitan de un gran número de desarrolladores en su equipo, con complejidad más elevada y que necesitan de una planificación más profundizada.

El gran desafío de las metodologías ágiles está en: encontrar formas de detallar el análisis de riesgos sin hacerlas pesadas, manteniendo por encima de todo la flexibilidad, que es una de las grandes características que las diferencian de las demás.

Finalizamos afirmando que la XP es una forma de maximizar la cantidad de software que no será realizado, ya que, más importante que trabajar mucho es producir mucho, es producir correctamente aquello que el cliente realmente identifica como que es más importante para el proyecto, haciendo eso de forma consistente y rápida a lo largo de todo el desarrollo.

SCRUM

La definición informal de Scrum es que es una estrategia como un juego de rugby donde los jugadores colocan una pelota casi perdida de Nuevo en juego a través del juego en equipo.

La definición más formal es que el Scrum es un proceso para desarrollar software incrementalmente en entornos complejos donde los requisitos no están claros o cambian con mucha frecuencia.

El objetivo del Scrum es proveer de un proceso conveniente para los proyectos y el desarrollo orientado a objetos. La metodología está basada en principios similares a los de la XP, es decir, equipos de desarrollo pequeños, requisitos poco estables o desconocidos e iteraciones cortas para promover la visibilidad para el desarrollo.

El desarrollo de software depende mucho de la creatividad y del trabajo, entonces, no es muy Buena idea tener procesos predefinidos, ya que para la construcción de software solemos trabajar con modelos de control de procesos empíricos.

El desarrollo no siempre será repetitiva ni estará bien definido, pero existen estándares que pueden ser usados.

El Scrum es una metodología muy usada en la actualidad porque tiene características que encajan con el tipo de profesional del área tecnológica y con las nuevas formas de gestionar las empresas. La metodología Scrum es menos burocrática y está más orientada a la productividad, dejando de un lado, por lo menos, sin otorgar una excesiva importancia a la documentación de los proyectos, por ello, nos encontramos como esta metodología es escalable es posible crear un Framework específico para determinados proyectos y/o empresas ya que se puede usar el Scrum conjuntamente con otras metodologías.

Los principales beneficios que nos aporta Scrum son:

- Comunicación
- Trabajo en equipo
- Flexibilidad
- Proveer software funcionando de manera incremental

Los principales componentes del Scrum son:

- Backlog
- Equipos de Desarrollo
- Sprints
- Reuniones diarias
- Reuniones de revisiones. Presentación de Demos

El **backlog** es un conjunto de necesidades, problemas o nuevas ideas para la implementación. Las informaciones a nivel muy técnico no suelen ser necesarias, por el contrario, lo que si son necesarios son los flujos de las funcionalidades y los requisitos necesarios para el entendimiento inicial. La presencia del cliente en la elaboración del mismo es recomendable cuando sea posible, ya que no todos los clientes pueden disponer de personas de su organización para la realización del proyecto.

Los equipos de desarrollo normalmente son pequeños, hasta 10 personas. Estos equipos no tienen nivel jerárquico ni pilas de hojas de documentación técnica como se hace en la gestión tradicional, por lo que la palaba del equipo se lleva a cabo, asumiendo los riesgos, donde todas las recompensas y todos los fracasos son errores de responsabilidad del equipo, ya que el equipo tiene que estar comprometido y no debe tener contacto con otros sectores o departamentos si no tienen una necesidad real.

El Sprint es el periodo para realizar un conjunto de tareas seleccionadas en el backlog, que por lo general suelen ser unos 15 días. Se suelen realizar reuniones de Sprint para seleccionar las tareas que podrán ser realizadas. Estas son tomadas en cuenta dependiendo de la prioridad, complejidad, cantidad y calidad de los requisitos del software. Todas las tareas descritas en el Sprint deben tener asignado un tiempo o puntos que correspondan al periodo de tiempo necesario para poder llevar a cabo la tarea. Las tareas se parten al mínimo posible, para poder realizarlas de una manera ágil.

Las reuniones diarias suelen tener una duración de 15 minutos como máximo con el equipo en pie.

Las preguntas que se deben responder en estas reuniones son:

- ¿Qué se hizo ayer?
- ¿Qué tenemos que hacer hoy?
- ¿Qué problemas hemos encontrado y nos impide resolver los problemas actuales?

Las reuniones diarias ayudan a mantener las promesas, evita el atraso en el proyecto y cualquier problema que pueda ser corregido de inmediato.

Al terminar el periodo de desarrollo se hace una reunión de revisión del Sprint, esta consta de dos partes:

- Pruebas y demostración. Puede ser con todos los responsables e invitados.
- Reflexión sobre los errores y mejoras. Solamente el equipo de desarrollo.

EL SCRUM MASTER

El Scrum Master es una figura importante que es parte del equipo ya que este hace que el equipo aplique los valores y las prácticas de Scrum. Sus dos principales funciones son:

- Proteger al equipo de:
    - Riesgos e interferencias externas
    - Exceso de optimismo y desmotivación
- Resuelve los problemas que aparecen:
    - De Logística
    - De Conocimiento-Capacidad-Habilidad
    - De Infraestructura
    - De cualquier cosa que impida la realización de las actividades y tareas
- Mantener las informaciones de las reuniones del Sprint visibles para todos los participantes
- Utilizar gráficos y actualizar las tablas (Post it) de las tareas referentes a cada Sprint
- Anticiparse a los problemas y deficiencias de los requisitos encontrados

- Actualizar las tares y definir junto al equipo las prioridades, en caso de necesidad

DIFICULTADES DEL SCRUM

Las principales dificultades del Scrum son las siguientes:

- Independencia de equipos y colaboradores
- Problemas de comunicación entre las áreas y clientes y por ello el entendimiento de cómo funciona el desarrollo es importante para toda la empresa
- Barreras culturales
- Asimilar el modo de Trabajo
- Las prácticas de Scrum son para equipos unidos, con profesionales motivados y con el espíritu de unión.
- Utilizar métodos que usan documentación en el entorno tecnológico.
- Aceptar que los cambios de alcance en medio del proyecto deben ser bienvenidos.

A pesar de estas dificultades, Scrum aporta numerosos beneficios que ya están comprobados como son los siguientes:

- Aumento significativo en la productividad
- La entrega del producto en el 80% de los casos sucede en la fecha prevista y bastantes casos incluso antes de la fecha prevista

- Aumento de la motivación de toda la empresa, ya que el compromiso del equipo Scrum contagia a otros departamentos.
- Disminución de errores que se generan durante el proceso de desarrollo
- Acceso a la información durante el arranque de los trabajos y del equipo en un todo, mucho más fácil

Algunas prácticas que se suelen adoptar durante los proyectos de Scrum incluyen la recompensa en caso de éxito del Sprint, es decir, al finalizar las tareas previstas dentro del tiempo estipulado. Dejar al Scrum master priorizar las tareas y en algunos casos delegar las mismas. Otra práctica muy común en el Scrum es la de utilizar las "horas" como medida de trabajo y no los puntos para clasificar y estimar el tiempo de realización de una tarea. Últimamente, con la moda de los blogs y de las redes sociales, también se están usando los Blogs como una herramienta interna para compartir las informaciones de los Sprints y para verificar el estado en el que se encuentra el desarrollo.

REFERENCIAS BIBLIOGRÁFICAS

Para la realización de esta obra se han leído, consultado, contrastado información con las siguientes fuentes de información:

Páginas web

http://www.improveitcom.brixp, el artículo Improve It.

http://blog.mountaingoatsoftware.com, el Blog de Mike Cohn.

http://www.freepik.es, la imagen principal de la portada y del inicio.

Libros

El libro *Extreme Programming* escrito por Vinícius Manhães Teles.

El libro *The Art of Agile Development* escrito por James Sho-re y Shane Warden

El libro *User Stories Applied* escrito por Mike Cohn.

El libro *Agile Project Management With Scrum* escrito por Ken Schwaber.

El libro *Crossing the Chasm* escrito por Geofrey Moore.

El libro *Agile Estimating* escrito por Mike Cohn.

El libro *Extreme Programming. Guía práctica* de David Astels, Granville Miller y Miroslav Novak

El libro *Exteme Programming Explained:Embrace* escrito por Kent Beck.

La Monografía *Impacto de la aplicación de la metodología XP en las organizaciones de desarrollo de software* escrito por Thiago Borborema.

La materia *Aplicando prácticas de Extreme Programming (XP) en equipos SWCMM nivel 2* escrito por el profesor Carlos Cardoso.

La monografía El uso de la Metologia Xp en el Desarrollo de Software y los impactos en la Gestión de Riesgos escrita por José Pinto Gonçalves

El caso de estudio *Un estudio de caso de la adopción de las prácticas y valores del Extreme Programming* escrito por Vinícius Teles Editora, 2004.

EDITORIAL

IT Campus Academy es una gran comunidad de profesionales con amplia experiencia en el sector informático, en sus diversos niveles como programación, redes, consultoría, ingeniería informática, consultoría empresarial, marketing online, redes sociales y más temáticas envueltas en las nuevas tecnologías.

En **IT Campus Academy** los diversos profesionales de esta comunidad publicitan los libros que publican en las diversas áreas sobre la tecnología informática.

IT Campus Academy se enorgullece en poder dar a conocer a todos los lectores y estudiantes de informática a nuestros prestigiosos profesionales, como en este caso **Ángel Arias**, experto en Consultoría TIC y Desarrollo de Web con más de 12 años de experiencia, que mediante sus obras literarias, podrán ayudar a nuestros lectores a mejorar profesionalmente en sus respectivas áreas del ámbito informático.

El Objetivo Principal de **IT Campus Academy** es promover el conocimiento entre los profesionales de las nuevas tecnologías al precio más reducido del mercado.

ACERCA DEL AUTOR

Este libro ha sido elaborado por José Rubén Laínez Fuentes. José Rubén es Ingeniero de Sistemas y tiene más 15 años de experiencia en la gestión de equipos de programación, abandonando los grandes proyectos de software basados en la ingeniería de software tradicional centrándose en la construcción de software con equipos de desarrollo ágil.

www.ingramcontent.com/pod-product-compliance
Lightning Source LLC
Chambersburg PA
CBHW071211050326
40689CB00011B/2302